反向成交

欧启明 ◎ 著

中国友谊出版公司

图书在版编目（CIP）数据

反向成交 / 欧启明著 . -- 北京 : 中国友谊出版公司 , 2024. 11. -- ISBN 978-7-5057-6014-1

Ⅰ . F713.3

中国国家版本馆 CIP 数据核字第 2024513Y9G 号

书名	反向成交
作者	欧启明　著
出版	中国友谊出版公司
发行	中国友谊出版公司
经销	北京时代华语国际传媒股份有限公司　010-83670231
印刷	唐山富达印务有限公司
规格	690 毫米 ×980 毫米　16 开
	13.5 印张　147 千字
版次	2024 年 11 月第 1 版
印次	2024 年 11 月第 1 次印刷
书号	ISBN 978-7-5057-6014-1
定价	49.80 元
地址	北京市朝阳区西坝河南里 17 号楼
邮编	100028
电话	（010）64678009

前　言

有一家复印机制造公司，招聘一名推销员。经过初选，几十位应聘者中只剩下 3 人。老板给他们一天时间，要求他们尽情展现自己的能力，看看谁是其中最棒的。

走出公司，3 人商量开了。一位应聘者说："把产品卖给不需要的人，这才得见真功夫！"另一位表示赞同。还有一位名叫安妮的小姑娘，她觉得这样太难，不打算尝试。

第二天，3 人向老板汇报。一位应聘者说："我花了一天时间，终于把复印机卖给了一个农夫！其实，他根本用不着复印机，但我却说服他买了一台！"

另一位接话道："我用了 7 个小时，走了不少路，把复印机卖给了渔民。虽然他不需要，但还是乖乖地掏了钱！"

老板点点头，问安妮："那么你呢，你卖给了什么人？是一位系着围裙的家庭主妇，还是正在遛狗的夫人？"

"不，我把产品卖给了 3 位电器销售商！"安妮从包里掏出几份文件递给老板，"我花了半天时间，签了3张订单，总共600台复印机。"

老板喜出望外，立即宣布录用安妮。另外两位提出抗议，他们认为，把复印机卖给电器商没什么了不起的，电器商本来就需要复印机，但卖给农夫和渔民却大有不同。

"看来，你们对于什么是能力，还不太清楚。能力，并不是用大量的时间去做一件不可思议的事，而是用最短的时间完成更多最容易的事！你们认为，与安妮相比，谁对公司的贡献更大？"老板说。

从此，安妮一直秉承一条原则：把所有精力都用在最容易成功的事情上。多年以后，她创下了年销售200万台复印机的世界纪录，至今未被打破。2001年，她被美国《财富》杂志评为"20世纪全球最伟大的百位推销员之一"（也是其中唯一的女性），并被推选为这家复印机公司的首席执行官。

她就是安妮·穆尔卡希（Anne Mulcahy），全球最大的复印机制造公司——美国施乐公司前总裁。她在自传《我这样成功》中写道："我的成功，就是用最短的时间，做更多最容易的事情！"

摆在你面前的这本书，目的是教会你，用最短的时间，做更多最容易的事情！

这本书并不教你怎样"把梳子卖给和尚"，也不认为这是所谓的"多元化视角"。我们展现给读者的，是实打实的方法，具体、简单、清晰，可迅速上手操作，立竿见影地解决问题。

需要说明的是，本书负责解决的，并不局限于"推销"，而是覆盖"行销"的所有关键环节。简单地说，推销是一个个单纯的销售行为，而行销是一整套的经营方式，广度和深度比推销大得多。

　　无论多么复杂的经营方式，落实起来都是由一个又一个动作组成的。全书每一招都如同一个动作，清晰、直接、操作性强，易于辨识和学习。可以说，实用性是本书最大特色。

目 录 ○

着装得体

————————— ● —————————

在行销过程中，销售员能否给客户留下良好的第一印象，决定了他能否说服客户购买自己的产品或服务。而第一印象的形成，有 90% 取决于着装。也就是说，要成为一名成功的销售员，首先要做到着装得体。

在人际交往中，我们给别人留下的第一印象总是至关重要的。根据心理学家的统计，他人对我们的感官判断，大约 75% 取决于我们给他们留下的第一印象。

第一印象形成的关键时期是双方初次见面的最初 4 分钟。黄金 4 分钟过后，第一印象形成，无论它是否与你的真实形象相符，他人对你的评价都很难再发生改变。正如一句谚语所言："你永远没有第二次机会打造第一印象。"

美国有位著名的保险推销员班·费德文，他一生总共销售出超过 10 亿美元的保单，这个金额比全美 80% 的保险公司的销售总额还要高。不过，费德文初入保险界时，工作业绩奇差无比，以至于公司打算让他辞职。

费德文得知这个消息后非常焦急，赶忙去向一位成功的推销员请教。对方告诉他，他的业绩之所以这么差，一个很重要的原因是他的衣着十分邋遢，根本无法给客户留下良好的第一印象，要解决这个问题，就要从衣着上向那些优秀的保险推销员靠拢。

费德文听从了他的意见，马上去买了几套得体的新衣服，将自己打扮一新。在此之后，他的工作业绩果然有了很大的提升。那么，对销售员来说，究竟怎样的着装才算得体呢？

最基本的要求是整洁干净。衣服要保持清洁，并要熨烫平整，鞋子要干净无尘，这是对客户最起码的尊重。很多男性销售员都习惯穿浅色衬衫，袖口和领口很容易弄脏，一定要多准备几件，及时更换。

当然，仅仅做到整洁干净还是不够的，一名合格的销售员还必须让着装跟自己的年龄和身份完全相符。无论是穿西装还是便装，都应选择简洁、大方的款式，切忌穿着奇装异服或是过分花哨。一般而言，年轻的销售员要穿得尽量淡雅、朴素一些，这样能让自己看上去比较成熟、稳重，容易取信于客户。年纪大一些的销售员可以穿得稍微时髦一点，以免给客户留下保守、落后的第一印象。

每个销售员都应该为自己准备三四套能在拜访客户时穿的衣服，切忌总是穿同一套衣服，让客户觉得你很寒酸。与此同时，销售员也要避免穿过分名贵的衣服，因为这样会让客户觉得你销售的产品价格很高，利润丰厚，不然销售员不会有钱买这么贵的衣服。

除此之外，每个人的体形各有差异，一定要根据自身的特点选择着装。选择正确的服装，可以有效弥补身材上的缺陷。

一般而言，浅色服装能让人看上去更丰满，深色服装则能让人看上去更苗条。因此，体形纤瘦的人要尽量穿浅色，体形丰满的人则要尽量穿深色。在设计上，体形纤瘦的人还可以穿一些带横条纹、方格或是印花图案的衣服，但体形丰满的人千万不要穿有横条纹或是紧身的衣服，以免造成体形膨胀的视觉效果。

　　身材矮小的人不要穿太长的上衣和太肥的裤子，这会让自己看上去更矮。要让身形显得高一些，最好选择一些款式简单、干净利落的服装。女性销售员还可以用高跟鞋弥补自己身高上的不足。

　　在工作过程中，我们有时可能需要参加一些宴会或商业活动，在这些场合中的着装跟平时工作又有些不同：男士需要穿着质地较好的深色西装或是中山装；女士着装则要视活动的时间来定，若是白天，可以穿职业正装，若是晚上，则要适当加一些配饰，如丝巾、首饰等，或者直接穿中式旗袍或晚礼服。

修饰好自己的仪容

———————— • ————————

销售员要想给客户留下良好的印象，除了选择得体的服装外，还应注意对自己仪容的修饰。

一般来说，发型最能表现一个人的精神状态。因此，在服装之外，我们最应该重视的就是自己的发型。

销售员的发型应该简单利落，切忌标新立异。尤其要保持头发的清洁，平时不管工作多忙，都要经常洗头，尽量不要产生头皮屑。每天都要精心梳理，如有必要，可以借助发胶等产品对头发定型，但用量一定要适度。使用过量的发胶会让人的头发看上去很油腻，反而会破坏自己在客户心目中的形象。

留长发的女性销售员要注意，别让脱落的长发长时间停留在身上，要及时清除。

对销售员来说，脸部的修饰也相当重要。首先要保持脸部清洁，眼睛、鼻子和耳朵的分泌物一定要及时清除。鼻毛长的人要注意修剪，千万别让鼻毛长到鼻孔外。

牙齿要洁白、干净，每天要用正确的方式刷牙两次。如果有难以去除的牙渍，可以去医院洗牙。口腔中不要有异味，千万别在拜访客户之前吃大蒜、葱等有刺激性气味的食物，最好能在见客户前嚼嚼口香糖。

男性销售员要刮干净自己的胡子，但不要留下浓烈的须后水味。蓄须者一定要将自己的胡须修剪整齐。

有些男性销售员面部皮肤出油太多或是太过干涩，需要涂上合适的护肤品。

女性销售员面部的妆容要适度，平常工作时宜化淡妆，避免使用气味浓烈的化妆品。参加宴会时，妆容可以浓一些，但切忌过分夸张。

佩戴眼镜的销售员要注意保持眼镜的清洁。眼镜的样式不能太出挑，不要选择带颜色的镜片。镜框和镜片若出现破损，一定要及时更换。

销售员应该经常洗澡，不要让自己的身体出现汗味或是其他异味。可以适量使用香水，但气味不能过浓。

平时要经常洗手，保持双手清洁，洗完手后还应涂一些护手霜。不要留太长的指甲，女性销售员不要涂颜色怪异的指甲油。

不要当着客户的面整理自己的仪容，如有需要，最好到卫生间去。

男性销售员出席正式场合时，如果穿西装，一定要打领带。出席非正式场合，穿西装可以不打领带，但一定要解开衬衫最上面的一粒扣子。男性的皮带皮质一定要好，皮带扣不宜太花哨。另外，男性不宜佩戴太多、太夸张的配饰。

女性销售员在配饰的选择上也很忌讳夸张，应该选择一些造型雅致的配饰，锦上添花而不是喧宾夺主。

男性销售员要避免穿白色的袜子，袜子一定要选择深色。

女性销售员穿裙装时要配长筒丝袜，并且丝袜一定要高于裙子的下摆，切忌露出大腿，给客户留下举止轻浮的不良印象。千万不要穿抽丝或是有破洞的丝袜，若担心丝袜发生意外状况，可以随身携带一双，随时准备替换。

销售员要尽量使用品质优良的名片夹，这样才能在向客户递名片时表现得大方得体，给客户留下好印象。

在跟客户会谈的过程中，要将可能用到的文具放在随手就能拿到的地方。千万不要随便找张纸记录会谈中得到的信息，这会让客户觉得你很不重视他，根本没有跟他合作的诚意。

如何在平台上建立"人设"

————————— • —————————

你在个人主页中的形象相当于你的"线上名片"。昵称、头像、个性标签、背景图等信息都会影响客户对你的印象。让客户对你产生一个好印象，能使你的营销取得事半功倍的效果。因此，这种"面子工程"不仅有必要做，而且还要尽力做好。

一、昵称的设置

昵称无须花哨，简单好记的才便于传播。设定昵称时，字数不宜过多，要避免使用大多数人都看不懂的外文、生僻字、繁体字，尽量不用表情或符号。

不随意更换昵称。频繁更换昵称，会让客户觉得你善变、不可靠，甚至怀疑你想搞诈骗，而固定的昵称则能给人留下一个长期稳定的印象，能使客户对你产生更多的信任感。

真诚胜于技巧。有些人会在昵称前面加上字母"A"，因为根据某些平台的排序规则，这样的昵称在通讯录中更靠前。不过，随着了解这个规则的人越来越多，这种做法显然已经失去优势了。此外，如果别人连你究竟卖什么都不清楚，那么即便你的昵称排名再靠前，也是无济于事的。因此，最好的策略就是抛开技巧，以真诚来面对客户。比如，有的人干脆以自己的真名为昵称，这种坦荡反而更能赢得客户的信任；有的人以"丹东草莓姐"这种地名＋商品的昵称，让客户一眼就知道她是什么地方的，卖什么的。

二、头像的设置

个人主页上的头像虽然小，却非常引人注意。经过精心设计以后，它能起到很好的广告效果，这也算是一种"视觉营销"。

需要注意的是，其一，头像要清晰、有辨识度。头像在一定程度上就等于你在客户心目中的形象。如果用像素很低的图片做头像，容易使客户对你形成一种很模糊的印象。

其二，头像要与自身的职业风格相符。比如，形象设计师可以用设计感很强的造型当头像；律师可以用自己本人的职业形象当头像。

三、个性标签的设置

打造个性标签之前，你需要明确两个问题：你想让客户觉得你是个什么样的人？是"诚信经营者"还是"奢侈品经销商"？你的营销目的是什么？是想让自己的个人形象更突出，还是希望某个商品卖得更好？这两个问题明确后，你就可以在此基础上提取关键词，作为你的个性标签了。

四、背景图的设置

背景图往往居于个人主页的最上方，这个位置可以说是最好的广告位。要想充分利用这个位置，你需要把握以下三个要点：

要点一，图片的清晰度要高。如果清晰度不高，客户点开细看时，图片一经放大，就会变得模糊不清，给人一种不专业或敷衍了事的感觉。

要点二，尽量使图片更加精美、富有艺术性。可以利用各种修图软件对原图片进行美化修饰，使它看起来更令人赏心悦目。

要点三，如果是带文字的图片，那么文字与图片应该在主题、布局、色彩等方面互相协调。

五、"动态"人设的打造

所谓"动态"人设，指的是个人主页中日常更新的内容，包括视频、文字、图片。这些内容最好以分享日常生活为主，营销内容为辅，这样既有利于拉近你与客户之间的距离，又不容易引起客户的反感。

至于人设类型，这里有三种比较受欢迎的可供参考，它们分别是：积极进取型、专业品牌型、诚实守信型。

动态人设的打造并不是一劳永逸的，而是需要定期更新。更新的频率可以是每天一次，也可以两三天一次，具体要视商品而定。

编辑好内容以后，还要选在"有效时间段"进行发布：

7点—9点。这通常是人们起床的时间段。刚起床时，人们都希望这一天能有一个好的开始，所以这时候适合发布一些充满正能量的内容。

12点—14点。午休时间适合发布广告宣传内容，让客户在放松之余，能好好地了解你的商品。

18点—20点。这个时间段，人们大多下班回家了，这时候适合发布一些轻松愉快的内容，让客户在愉悦中对你好感倍增。

21点—23点。在入睡前这段时间，很多人习惯于沉下心来思考，这时候适合发布一些温暖感人的内容，使客户与你在情感上产生共鸣。

找准目标客户

————— • —————

很多销售员在工作过程中都容易犯这样一个错误：将目标客户的范围定得太广，针对每个客户的行销次数太少。这样做的后果是，所有目标客户都顾及了，但所有目标客户都顾及得不够好。这显然比不上只针对少数目标客户，展开重点行销的效果好。当然，这样做的前提条件是要找准目标客户。

为此，销售员首先要对自己的产品有深入了解，了解的具体内容包括：产品特点、生产材料、生产过程、使用方法、价格、付款方式、售后服务等。与此同时，销售员也应对其他同行的产品有所了解。在全面了解了这些以后，销售员才能确定，什么样的客户最需要自己的产品。

做完了这些准备工作，接下来，销售员就要采取实际行动，寻找目标客户。寻找的方法具体有以下几种。

第一种是通过网络寻找。

销售员可以使用关键词，在百度、谷歌、雅虎等大型搜索引擎，以及专门的商业网站上搜索目标客户。需要注意的是，要多更换关键词，多更换搜索引擎，这样会得到更多的搜索结果。

这种方法对新入行的销售员来说，是最方便实用的。

第二种是通过广告寻找。

销售员可向消费者发放大量的广告，吸引目标客户上门。

第三种是通过他人的介绍寻找。

这里所说的"他人"既可以是合作搭档、客户，也可以是销售员的亲朋好友。销售员要重视这些人向自己提供的每一个信息，并对其进行整合，加以利用。

第四种是委托专业人士调查寻找。

销售员可以在自己的业务地区，委托专业人士帮助自己搜集各类与客户相关的有用信息，寻找目标客户。

第五种是查阅相关的资料。

这些资料包括：政府部门资料、行业协会资料、国家（地区）统计资料、产品介绍、媒体资料、企业内刊等。充足的客户资料是一笔无形的财富，能帮助销售员更好地寻找目标客户。

第六种是通过相关活动寻找。

每年行业内部都会举行多次交易会，销售员可以充分利用这样的机会，寻找新的目标客户。另外，企业还可以自行组织一些公关活动，同样可以为销售员寻找目标客户提供良好的契机。

在找准目标客户以后，销售员要根据目标客户的特点，进行有针对性的行销。

制定明确的销售目标

———————— • ————————

每个人都有惰性，销售员也不例外。要想克服惰性，时刻激励自己努力工作，最好的方法是制定明确的销售目标。

很多销售员都制定了长期的销售目标，但这些目标实在太高，实现的日子遥遥无期，反而让他们失去了奋斗的动力。要避免这种情况，最好的方法是在制定长期销售目标的同时，再制定相应的中短期目标。

长期目标可能要通过几年的奋斗才能实现，中短期目标则可能只需几个月、一个月甚至更短时间就能实现。不要小看这些中短期目标，其中每个目标的实现都能让你得到认同，获得激励，并努力实现接下来的目标。当你实现了所有中短期目标，你的长期目标自然而然也就实现了。那么，这些事关成败的销售目标究竟是怎样制定出来的呢？

在制定销售目标之前，首先你要明确什么是目标。目标是你最后想得到的结果，而不是具体的实施计划。简单来说，目标就是"是什么"，而不是"做什么"。若你不想将目标和计划混淆，就要尽量在目标中加入"得到""是""拥有""多少"这样的词语。举个例子，在制定目标时，你不能说"要大幅度提升销售额"，而应说"要将销售额提升到多少"，不能说"增加公司的数量"，而应说"要拥有两家公司"。

在明确了这一点以后，你就应该问问自己：对工作有什么期望？这个月的销售目标是什么？今年的销售目标是什么？今后3—5年的销售目标是什么？今后10年的销售目标是什么？接下来，你要将这些目标具体化：你希望销售额增加多少？客户人数增加多少？

你要将所有问题的答案全都明确地写在纸上，这样才能将目标固定下来，才有可能将目标变为现实，而不是让它们一直停留在自己的脑海中，最终变成一堆空想。

需要重视的是，制定目标一定要把握好尺度，既不能定得太高，也不能定得太低。目标定得太高，根本实现不了，会损伤自信心；目标定得太低，不用费力就能实现，也无法激起斗志。应该事先对自己的能力进行全面、系统的评估，制定出一个要付出一定程度的努力才能实现的目标。

在这个过程中，应该找一个或几个对自己十分忠诚，并能提供好建议的人作为参谋。如果你拥有很好的工作搭档，那跟他们商议这个问题就再妥当不过了。你要跟这些人详细讨论每一个目标的可行性，将一些偏离你的发展轨道的目标剔除，最后再将各个阶段的目标逐一确定下来。

要留意一点，当你的目标出炉以后，可能会有一些人泼你的冷水，说这些目标根本实现不了。但你要坚信，只要你的目标是严格依照上述程序，运用科学的方法制订出来的，就一定能通过自己的努力变成现实。所以，不必有丝毫犹豫，要用实际行动证明自己的实力。

制订切实可行的计划

●

销售目标制订出来以后，接下来就要制订相应的计划。计划不用多么规范、完美，但一定要有极强的可操作性。切实可行的销售计划能帮助你时刻保持清醒、理智，帮助你节省时间、金钱和精力，为你的每一步工作提供明确的指导，使你在工作中更有条理，充满自信。但是，什么样的计划才能称得上切实可行呢？

第一，计划一定要具体，要明确自己应该去做什么，以及什么时候去做。要做到这一点，肯定要花费不少时间和精力，但这种投入是值得的。前面的准备工作做得越充分，后面具体实施时就会越省时省力。

第二，计划一定要全面，一定要将所有与销售相关的方面全都包含在内。要知道，销售不仅包括对外销售，还包括相关的培训、练习以及售后服务等方面。只有制订一个全面的计划，才能让销售工作的各个环节同步协调。

第三，计划一定要落实到书面上，一定要制作一份实实在在的计划书、工作绩效表格和工作指导。这样能给自己一种最直观的感受，让内心产生压力和动力。

第四，要根据实际情况的变化不断调整计划。在计划实施的过程中，随时可能出现新情况，可能是公司内部情况有变，也可能是外部客户有变，还有可能是经济形势有变。不管是谁，都很难事先对这些变化做出全面的预测，只能在变化发生时，马上适当地调整计划，以适应这种新变化。所以不要以为计划定下来以后就固定不变了，它是灵活的、动态的。

第五，要为每个行动步骤的实现规定一个限期，这样能有效避免计划拖延。一开始，这可能会比较困难，因为你不知道自己的计划在真正实施时是否会顺利。但经过一段日子的实践考察以后，你便能对此有深入了解。到了这时，你若发现限期安排有何不妥，便可适当做出调整。

第六，要为每个项目制订成本预算。将计划中要用到的每一笔费用都在预算栏中记录下来，使所有费用一目了然。这样一来，便能更好地确定哪笔费用是绝对不能少的，哪笔费用是可以适当减少的。

第七，要制订一个明确的衡量标准，对计划的实施效果做出评估。为此，你要搜集大量的信息和数据，其中包括销售额、顾客的评价等。通过评估，你可以判断出哪些项目需要加强，哪些项目需要减弱，哪些项目需要调整。记住，评估越准确，最终得到的结果就越好。

不要浪费时间

————————•————————

有很强的时间观念，不浪费每分每秒，是所有成功销售员的共性。任何想在行销行业有所成就的人，都要养成不浪费时间的好习惯。在此，有以下几种做法可供借鉴。

第一，对自己的行程做出妥善安排。

要想合理利用自己的时间，做事之前一定要先列个计划，不要想到什么就做什么。对销售员来说，这一点尤其重要。

在拜访客户前，销售员务必先规划好自己的行程，将当天要拜访的客户排序，然后按照顺序，逐一拜访。

排序主要有两大依据：一是客户的重要性，二是跟客户会面的地点。一般来说，后者才是排序的决定性因素。排序的目的是尽可能缩短行程，用最短的时间拜访最多的客户。不要在拜访完 A 客户以后，绕过 B 客户直接去拜访 C 客户，拜访完毕后，忽然又想起了 B 客户，只能又绕远道再回去拜访。

当然，客户的重要性也是一个不容忽视的因素。要将重要的客户安排在最佳时间段拜访。为此，行程安排也要做出相应的妥协，在妥协的同时，尽可能不走冤枉路。

第二，充分利用琐碎时间。

行销是一项非常繁忙的工作，很多销售员都抱怨自己没有时间。但实际上，不管多忙的人，在日常工作和生活中都会有一些琐碎时间。如果能将这些时间充分利用起来，便能做成很多事。

等车时、坐地铁时、搭乘飞机到外地出差时，都会有一些空闲时间，这些时间都是可以利用的。但在现实生活中，绝大多数人却放任这些时间白白溜走，这种做法非常不可取。

销售员可以利用这些琐碎时间，练习一下跟客户的对话，对近期的工作做简短的总结，学习新的销售技巧。总之，一定不要让自己无所事事，浪费时间。

第三，在限定时间内完成每一项工作。

很多销售员都有办事拖拖拉拉的恶习，因此浪费了很多时间。例如，明明用一个小时可以完成的工作，他们拖了两个小时还没完成。

这些销售员之所以会这样，是因为他们在做事时，没有给自己限定时间。如果他们事先下定决心，一定要在一小时内完成一项工作，那么为了完成这个目标，他们一定会抓紧时间，提高效率。这种紧迫感会帮助他们克服拖拖拉拉的恶习。

鉴于此，销售员很有必要在做每件事情之前，都给自己规定一个完成的时间。要注意，时间可以稍紧一些，但一定不能松，太松的时间限定便等于没有限定。

举个例子，你明明可以在20分钟以内做完的事，却给自己限时40分钟。这会让你在做事的过程中毫无紧迫感，时间限定也就失去了应有的意义。

当然，时间限定得太紧也不行。10分钟能做完的事，你不能强求自己只用5分钟就做完，否则会给自己太大的压力。要知道，压力过大，对你的工作并无好处。

多进行销售练习

———————— • ————————

　　中国人常说"熟能生巧"，还有一句相似的谚语："练习是最好的师父。"要将销售工作做熟做好，没有任何捷径可走，唯有多进行练习。

　　很多人都觉得各行业中的优秀人才都是上帝的宠儿，生来就具备了常人无法企及的天赋，殊不知他们的出类拔萃都是勤奋练习的结果。

　　世界著名的足球教练亚历克斯·弗格森曾评价贝克汉姆说，他之所以能成为一名出色的足球运动员，不是因为他与生俱来的天赋，而是因为他勤奋刻苦的训练，他的训练强度是一般足球运动员根本无法想象的。

　　同样的道理，在行销领域，最优秀的销售员往往不是最有天赋的，但一定是最勤于练习的。推销大师弗兰克·贝特格早年是一名棒球运动员，当时棒球界得分最多的那位运动员并没有多少天赋，但是他坚持每天用300个球做击球练习，最终成了棒球界炙手可热的红人。这件事让贝特格深受启发，从此，他变成了一个勤于练习的人。

　　后来，贝特格转行做起了行销工作，依旧坚持勤奋练习，从不懈怠。

例如，他每次去拜访客户前，都会将自己要对客户说的话反复练习很多遍，直至倒背如流。这种做法值得每个销售员借鉴。

如果你是独自去拜访客户，那你可以在拜访途中想象客户就在自己身边，然后将自己打算跟他说的话默默说上几遍。如果你是跟同事一起去拜访客户，那你可以让同事扮演客户，在你练习的过程中帮你提意见，这样的练习会更加有效。

每支行销团队都会定期召开例会，这也是一个做销售练习的好机会。例会的组织者可以事先设计好练习的环节，让与会者积极参与其中，并提出各自的看法和改进的意见。

在销售培训中同样包含着大量的练习环节。作为培训者，要做好相应的安排。在实际培训时，首先要向受训的销售员解释清楚此次练习的目的，然后对销售员进行分组。例如，每三个销售员分为一组，其中一人扮演客户，一人扮演销售员，一人在旁边观察他们的表现。一场练习完毕后，三个人调换角色，继续练习。这样一来，既能保证练习的高效性，又能保证练习的全面性。

另外，销售员还可以针对自己在工作中的不足之处，利用业余时间进行重点练习。例如，不擅长向客户提问的销售员，要不断练习怎样用"开放式""封闭式"和"苦痛式"这三种方式提问；不擅长收场、确认信息的销售员，要反复练习收场的技巧；不擅长制作幻灯片、做简要汇报的销售员，则要多练习制作幻灯片。

其实，人人都能做好销售，关键在于你肯不肯下功夫，勤奋练习。

克服对销售的恐惧心理

————————•————————

很多销售员都对销售工作存有一种恐惧心理，特别是那些刚入行的新人，但任何想要获得成功的销售员，都必须努力战胜这种恐惧。在这方面，有如下几个建议可做参考。

第一，当你感到恐惧时，不妨坦然承认。

要知道，对销售感到恐惧，是一种非常正常的表现，很多行销大师都是从恐惧中走过来的。

美国销售天王贝特格，早年在拜访一位大客户时，紧张到浑身发抖，连话都说不清楚。眼看这次会谈就要因为自己的恐惧泡汤了，贝特格索性把心一横，对客户坦承道，自己现在很紧张，很害怕，希望能得到对方的谅解。

承认自己的恐惧，既让贝特格消除了紧张感，也让客户的态度和蔼了很多。客户亲切地对贝特格说，自己年轻时也曾有过类似的遭遇。他还鼓励贝特格不要心急，慢慢来。

承认自己的恐惧并不是软弱的表现，连承认的勇气都没有，百般掩饰恐惧的人才是真正的弱者。

如果你能在客户面前袒露自己内心真实的想法，绝大多数客户都会给你积极的回应：他们会安慰你，鼓励你，对你的印象只会变好，不会变差。因此，当你感到恐惧时，不妨直接说出来，恳请客户给你一些时间，平复一下自己的情绪。面对这样的请求，很少有客户忍心拒绝。

第二，当你感到恐惧时，不妨找找客户的缺点。

很多销售员之所以会恐惧，是因为太在乎客户对自己的看法。在这种情况下，销售员不妨暂时忘记自己，反过来评价一下客户，认真观察一下客户的相貌、服装、神态，找找客户有哪些缺点。如此一来，销售员便能化被动为主动，站到跟客户平等的位置上去。

第三，当你感到恐惧时，不妨试着提高说话的音量。

人在害怕时，说话声音一般都很小。这时，如果能尽量提高音量，大声说话，就能在无形中缓解自己的心理压力，减少恐惧。

第四，当你感到恐惧时，不妨多想想自己的优点。

很多时候，恐惧是源于自卑。当面对一些身份尊贵的大客户时，有相当一部分销售员都会由衷感到自卑。这个时候，不妨想想自己有哪些优于别人的地方，哪怕是小小的长处，也可以扩大成让自己自豪的大优点。这能有效驱逐自卑，恢复自信，消除恐惧心理。

第五，不要把成败得失看得太重。

想要成功是好事，但将成败看得太重，反而会让人情绪紧张，难以发挥自己的实力，走向成功。因此，销售员一定要努力做到洒脱，别怕被拒绝，别怕失败，需知暂时的失败并不代表终生失败。要相信，只要坚持不懈，努力付出，最后一定能获得成功。

让更多的人认识你

从某种程度上来说，推销商品其实就是推销自己。人脉就是钱脉，如果你能让更多的客户认识你，那你就不用担心自己的商品推销不出去。举个例子，同样是购买一种商品，绝大多数人都会选择到自己熟悉的商店，向自己熟悉的人购买。因此，你若想成为行销高手，就必须要让更多的人认识你。

汤姆·霍普金斯是享誉全球的推销大师。他早年从事房地产推销工作，平均每天都能卖出一幢房子，仅仅用了3年就赚了3000多万美元，创下了吉尼斯世界纪录。霍普金斯有很多成功的诀窍，其中很重要的一点是，他总是竭尽所能，让更多的人认识自己。

霍普金斯时刻不忘推销自己，连付账单都要附上一张自己的名片。随着时间的推移，他的坚持逐渐有了回报，越来越多的人知道了他的名字，了解了他的工作。这些人一旦产生了买房的念头，第一个想到的就是他。

有一回，霍普金斯收到了一位陌生的女士打来的电话。这名女士打算买一幢房子，她知道霍普金斯是房产销售，便想请他带自己去看房子。

在接下来的日子里，这名女士在霍普金斯的带领下看了好几幢房子，最后买下了其中一幢。事后，她支付给霍普金斯一笔相当可观的佣金。

但是，你知道这名女士是如何得知霍普金斯的大名的吗？原来，她的本职工作是帮燃气公司收缴费用。霍普金斯每次去缴费，都会给她一张自己的名片。时间久了，她的办公桌上便积累了厚厚的一沓名片，她也由此认识了这个勤奋、用心的房地产销售员。

名片是让别人认识自己的一个渠道，每个销售人员都应该重视这小小的名片，不要放过任何一个递送名片的机会。可能你递出去100张名片，有90张都被人信手丢弃了，但还有10张名片发挥了它们应有的作用，而且这10张名片给你带来的不只是10次相识那么简单。据统计，每个人至少能对自己生活圈子内的52个人产生影响。这就意味着，如果一个人认识了你，那生活在他周围的52个人都有可能认识你，这样的扩散效果是非常惊人的。

当然，要想让更多的人认识你，仅仅依靠递送名片是不够的，最重要的是创造更多的机会，跟更多的人进行接触。你要多出去走走，多拜访一些客户，在商谈工作要事之余，也可以跟对方寒暄一番，联络一下感情。

有些人现在还无法成为你的客户，这可能是因为他们对你提供的产品或服务没有需求，可能是因为他们现阶段的购买力不足，也可能是别的什么原因。但是，所有人和事都是不断变化发展的，现在不能跟你合作的人，未必永远都不能跟你合作。未来某一天，你们合作的时机成熟了，你作为他们的旧相识，势必会成为他们的第一选择。

让更多的人认识你，最好的执行方法是每天为自己制订一个目标：今天要跟多少人交流，要让多少人认识自己。当这一天结束时，你要及时总结一下，自己今天的目标有没有实现。如果实现了，有什么经验；如果没有实现，有什么教训。然后，你要据此制订出第二天的目标。这样坚持下来，你的人脉必然会越来越广，你的销售业绩也必然会得到提升。

掌握电子邮件礼仪

———————— • ————————

在行销工作中，电子邮件是一种非常重要的沟通工具。由于没有语音辅助，电子邮件中的措辞如有不当，很容易引起收件客户的误会。因此，任何一个想获得成功的销售员，都应深入了解并掌握电子邮件礼仪。

收到电子邮件后，人们首先看到的是邮件的标题。一个合格的标题一定要提纲挈领，能让收件客户迅速了解邮件的内容，并对其重要性做出合理的判断。要做到这一点，就要让标题与正文的内容完全契合，切忌使用空白标题或是含义不清的标题，例如"某某先生收"等。

如果邮件很重要，可以在标题中使用大写字母或是特殊字符，以引起收件客户的关注。不过，一定要注意把握好尺度，不要动不动就加上类似"紧急"这样的字眼。另外，如果是回复客户的邮件，可根据回复的内容更改标题。

邮件开头务必有对收件客户的称呼，这是最基本的礼仪。如果收件客户有职务，要按照职务尊称对方，如"某某经理"等。如果不清楚对方的职务，便要称呼对方"某某先生"或是"某某小姐"。千万要注意，别把对方的性别搞错了。

称呼后面最好加上一句如"您好"之类的客套话。与之对应，邮件的末尾也应加上一句客套话，诸如"希望很快能收到您的回复""祝您工作顺利"之类。中国有句古话叫作"礼多人不怪"，不管在什么情况下，多讲礼貌都是有益无害的。

一封邮件最主要的内容是正文，因此对正文的撰写要格外重视。正文的基本要求是简明扼要，行文通顺。简单来说，就是用最简洁的话把事情说清楚。要多用通俗的词语和短句，切忌出现生僻语句。有些事情单纯用语言文字可能很难表达清楚，不妨加上图片或表格加以说明。

如果要说明的事情很多，最好分成几个简短的段落，分别进行说明。如有必要，可以在正文中使用特殊的字体、字号将重要信息标注出来，给收件客户提示。当然这也要注意尺度，提示过多，反而会让人抓不住重点。

另外，要尽量在一封邮件中将要说的信息全部说清楚，不要事后再发邮件进行补充或更正，这样会引起客户的反感。

工作邮件中要尽可能地避免出现拼写错误，如若不然，很容易让收件客户曲解你的意思，或是觉得你不尊重他。

在某些情况下，销售员需要用英文撰写邮件与客户联络。若是你的英文水平有限，可以借助一些翻译工具。

如果邮件中带有附件，务必在正文中提示收件客户查看附件。另外，还应在正文中对附件的内容进行简单的说明。附件的命名一定要准确，数目也不宜过多，如有必要，可打包压缩成一个文件夹发送。如果附件的格式很特殊，一定要对打开方式做出明确的说明，以免收件客户收到以后无法正常打开、查看。

值得注意的是，销售员在工作过程中会收到大量邮件，并不是所有邮件都要马上回复，这会严重妨碍你的正常工作；也不是所有邮件都要进行回复，回复某些邮件只会浪费你的时间，而不会给你带来任何好处。

回复邮件时一定要注意技巧：紧急的邮件要马上回复，没那么紧急的邮件可以过一段时间，跟其他邮件一起批量回复，这样有助于你合理安排自己的工作时间。

作为一名销售员，你不用所有邮件都查看，所有邮件都回复，一定要学会甄别。要从发邮件过来的客户中挑选出真正有意向跟你合作的那些人，然后集中精力认真回复他们的邮件，这样才能取得事半功倍的效果。

找出产品的卖点

————————————— • —————————————

当今社会，市场竞争日趋激烈。要想让自己的产品在激烈的竞争中脱颖而出，一定要为其找到一个最突出的优点，也就是我们常说的卖点。

所谓的卖点，说得通俗一些，就是"人无我有，人有我优"的点。所有畅销产品都有其独特的卖点，这是支撑它们在市场上长盛不衰的一个重要原因。那么，究竟怎样才能找出产品的卖点呢？

首先要了解顾客的需求。要经常跟顾客交流，了解他们为什么要购买你的产品，他们最希望从你的产品中获得什么，他们为什么要购买你的竞争对手的产品，他们能从竞争对手的产品中获得什么……在对这些问题的答案有了深入了解之后，你便能找出几项你的顾客十分渴望却未能从市场上得到满足的需求。

当然，光是了解顾客的这几项需求还不够，还要从中找出最有特色的需求。如果顾客的一项需求，其他企业也能轻而易举地满足，那便无须将其发展为自己的卖点。

在寻找最具特色的需求时还应注意，有这种需求的消费群体到底有多大。若这个消费群体人数很少，那即便将这种需求开发为自己的卖点，最终的获益也不会太大。

另外，在选择需求时，还应切实考察一下，自己的企业是否真的使顾客需求得到满足。一定要选择一项自己有能力满足的需求，否则一切都只会是纸上谈兵。

经过一系列的考察、筛选，最终选定了一项顾客尚未得到满足的需求。然后，你便可以改进自己的产品，使其满足顾客的这一需求。接下来，你再将这一点发展壮大，变成自己独特的卖点。很多畅销产品都是这样发展起来的。

例如，达美乐比萨率先在同行中提出了"30分钟内送到"的口号。之后，这个独特的卖点促使达美乐迅速发展壮大起来。

宝洁公司旗下有很多洗发水品牌，但因每个品牌都拥有自己独特的卖点，所以都能在市场上占据一席之地。如"飘柔"的卖点是柔顺、亮泽，"海飞丝"的卖点是去头屑，"沙宣"的卖点是时尚、现代。

这些产品都因独特的卖点销量甚佳。与此同时，也有很多产品因为卖点寻找不当，销量平平。这里就要说到寻找和宣传卖点时时常遭遇的一些误区了。

首先是卖点太多。卖点就像企业的一句宣传口号，口号如果太长，便失去了宣传意义，卖点如果太多，便等同于没有卖点。

其次是卖点跟产品并无多大关联。如果你售卖的是洗发水，却将卖点定为洗发水的包装精美，这显然跟洗发水本身没有多大关系，很难称之为卖点。

　　最后卖点无法实现。如果你售卖的是化妆品，卖点是美白，结果顾客在使用时，根本没有任何美白效果，那你的产品销量自然不会好到哪里去。这样的卖点无疑也是失败的。

让消费者亲自体验产品

————————— ● —————————

在行销过程中，让消费者亲自体验产品是一种非常有效的行销方式。企业若想增加销售额，很有必要根据实际情况，为消费者创造机会，体验产品。

推销大师乔·吉拉德曾说："每种产品都有自己的独特之处，只有让消费者亲自体验产品，让产品自己向消费者做无声的介绍，才能让消费者真切地感受到产品的价值，对产品产生认同感和信赖感，迫切地想购买该产品。"

现代社会，很多企业都深谙这个道理，并努力将其应用到实践中，提升销售额。举个例子，现在消费者到商场买衣服时，大部分导购都会主动提议他们试穿新衣，这便是最常见的应用之一。行销学中有一种"宠物成交法"，原理也是一样。

多年前，一些宠物店老板为了促进销售，主动向消费者提出了这样一个建议：消费者可以在一分钱不付的前提条件下，将自己看中的宠物领回家，跟自己生活一段时间。约定期满后，如果消费者不喜欢这只宠物，可以再将其送回宠物店，并且不需要支付任何费用。

这一举措吸引了大批消费者，他们之中的绝大多数人在跟宠物生活了一段时间后，都深深爱上了宠物，最终掏钱将其买回了家。

这便是所谓的"宠物成交法"：让消费者实际触摸或使用某种产品，让他们打心眼里觉得这种产品是属于自己的，在这种念头的驱使下，他们会不由自主地选择购买这种产品。

需要注意的是，让消费者亲自体验产品，固然会对促进销售有很大的帮助，但这种做法并不是对所有产品都适用。一般来说，只有满足以下几种特征的产品，才能使用这种行销方法。

第一是产品本身必须是有形的，那些无形的产品或服务，如保险等，则不能使用这种促销方法。

第二是产品本身必须是耐用的，在体验的过程中，不容易遭到损坏，如汽车、服装等都属于这类耐用产品。

第三是产品本身必须适合消费者亲自体验。有些产品虽然有形且耐用，却很难让消费者亲自体验，例如一些大型机械等。

在确定产品满足以上特征后，还要针对产品的具体特点，选择恰当的体验方法。

举个例子，如果是汽车，销售员可以让消费者亲自试驾。如果消费者的家就在附近，销售员还可以随他一起把车开回家，让他的家人也来体验一把，坚定其购买的信念。

如果是日化用品，可以在店内摆放试用品，供消费者试用。有些产品在店内试用很不方便，如洗发水、洗面奶等，则可以为消费者邮寄免费的试用装，让他们在家里试用。

做好产品的售后服务

售后服务就是企业在将产品销售给客户以后，为客户提供的一系列服务，其中包括产品介绍、送货、安装、调试、维修、技术培训、上门服务等。

乔·吉拉德曾说："真正的推销是在产品卖出之后，而不是在成交之前。"这句话的意思是，一名销售员若能在成交之后，向客户提供良好的售后服务，使客户满意，便能吸引客户再度光临，并向其推荐新客户。

由此可见，要想成为一名成功的销售员，一定要做好产品的售后服务。但是，究竟怎样才能做好售后服务呢？

第一，要明确你的主要服务对象是谁。例如，你向一家企业出售了一台大型仪器，在帮助其安装调试时，你必须先搞清楚谁才是这家企业真正的负责人，然后你要想方设法令这名负责人满意。若你做不到这一点，就算你的安装调试获得了该企业所有技术人员的认同，你的售后服务也不能算是成功的。因此，在离开之前，一定要先确保客户方的主要负责人对你的售后服务没有任何不满之处。

与此同时，你也不能忽视客户方的其他人。千万不要只顾着满足主要负责人，忽略了其他人的要求。要知道，客户方的每个人对你来说，都非常重要。如果客户方因你提供的产品和服务产生了矛盾，你一定要竭尽所能，帮助他们达成一致意见。如若不然，你很有可能得罪他们之中的一个或几个人，给其留下不好的印象，影响你们日后的合作。

第二，要抓住问题的关键所在。时间宝贵，你不可能一直待在客户那里，一定要提高效率，尽快将售后服务做完做好。这就要求你先解决掉主要问题，不要被一些小问题牵绊。

举个例子，你上门为客户重装电脑，客户见到你之后，又要求你帮忙检查插头是否接触不良。这时，你的首要工作当然是重装电脑，至于其他小问题，可以在主要问题解决后，再根据实际情况，决定应该怎么做。

如果你先帮客户解决小问题，这个小问题解决了，客户又提出了另外一个小问题，这样耽搁下去，一来你浪费了自己的时间，二来你迟迟没有解决掉客户的主要问题。若客户临时有什么事，你必须马上结束此次服务，那你免不了改天还要再跑一趟，这对你和客户而言都是一个大麻烦。

有经验的售后服务人员都懂得见好就收的道理，一旦自己需要做的工作做好了，便马上离开，不再画蛇添足，拖延再三。

第三，你的言辞一定要谨慎。在售后服务的过程中，切忌说太多话，同时切忌说太绝对的话。

正所谓"言多必失"，在客户面前说得太多，难免会有说错的时候，给客户留下不好的印象。

说太绝对的话，会让客户觉得你不够诚实可靠。如果你信口开河，向客户做出了一些难以兑现的承诺，更会给你带来不小的麻烦。因此，不要动不动就说"绝对不会出现问题"，你可以说"一般情况下是不会出现问题的"。说话有所保留，才能给自己后退的空间。

第四，做好全面测试，不要留下任何隐患。做完售后服务以后，一定要再做一个全面的测试，千万不要心存侥幸，给客户留下一些小问题。否则，客户会一而再再而三地要求你上门，这不仅会影响你的正常工作，还会让客户不胜烦恼，觉得你的产品和服务根本不可靠。

第五，别跟客户谈论竞争对手的缺点。不要以为贬低了竞争对手，就能抬高自己。很多客户都很忌讳这一点，他们会觉得你背后说人坏话，很没有品格，对你以及你所在的企业的印象都会大打折扣。

第六，不要在客户面前跟同事闹矛盾。很多情况下，做售后服务的不止一个人。如果你跟同事一起上门为客户做售后服务，那么你们一定要事先商量好各自负责做什么，千万不要在客户面前为此事发生纠纷，互相对抗。

第七，衣着一定要得体，言谈举止一定要大方。你到客户那里做售后服务，除了代表你自己以外，还代表整个企业的形象，因此，你的衣着打扮、一言一行都要格外注意。千万不要不修边幅，不要马马虎虎、敷衍塞责，更不要跟客户发生矛盾。

要针对准确的消费群体做广告

——————— • ———————

不同的产品面向的是不同的消费群体。企业若能找准自己的消费群体，有针对性地做广告，便能取得事半功倍的效果。

要做到这一点，企业首先要对消费群体的划分有所了解。消费群体的划分方法有三种不同的标准：第一种是按照年龄划分出婴幼儿消费群体、少年儿童消费群体、青年消费群体、中年消费群体和老年消费群体这五个类别；第二种是按照性别划分出女性消费群体和男性消费群体这两个类别；第三种是按照职业划分出农民消费群体、工人消费群体、知识分子消费群体和行政单位工作人员消费群体这四个类别。

了解了这些消费群体的划分，企业便不难确定自己的产品针对的是哪一个或哪几个消费群体。接下来做广告时，便可以做到有针对性。

在当前的经济形势下，大多数企业的消费群体都逃不出三种类型：青年消费群体、女性消费群体和中产阶级消费群体。

青年消费群体人数众多，他们之中的大部分已经踏入社会，逐渐成了消费市场上的主力军。他们热衷于追赶潮流，喜欢与众不同的商品，以此彰显自己的个性。跟中老年人重视商品的实用价值不同，他们在购买商品时更重视自己的感觉，产品的款式、颜色，甚至搭配等都能成为他们购买的原因。很多时候，他们的消费行为都源自一时冲动。

企业要把握青年消费群体，就要让自己的广告顺应时代的潮流，显示出与众不同的特性。在这方面有个很好的例子，就是百事可乐。

百事可乐和可口可乐是世界饮料行业的两大巨头，然而，在20世纪80年代之前，百事可乐一直发展低迷，远远落后于可口可乐。后来，百事可乐将自己的消费群体确定为青年人，并开始有针对性地做广告，这才逐渐发展成了与可口可乐平起平坐的饮料业巨擘。

1994年，百事可乐邀请美国当红巨星迈克尔·杰克逊担任美国地区的代言人，并以迈克尔·杰克逊演唱的流行歌曲作为百事可乐的广告配乐。这支广告一经推出，马上引来了无数美国青年的喜爱。

随后，百事可乐又乘胜追击，邀请当红女歌星麦当娜担任百事可乐的全球代言人。由于这两位广告代言人在当时的美国青年中间有着无与伦比的号召力，百事可乐在美国的销量直线上升。

初战告捷的百事可乐在其他地区也采取了相同的广告策略：邀请深受年轻人喜爱的巨星担当广告代言人。比如，在中国香港地区，百事可乐就邀请了当时如日中天的刘德华和张国荣担当代言人。这样的广告策略使百事可乐迅速风靡全球。

跟青年消费群体一样，女性消费群体也值得企业格外重视。女性消费群体人数众多，影响巨大，她们购买的不仅包括自己所需的商品，还包括家庭成员所需的商品，以及各种各样的生活日用品。

女性消费者对商品的外观形象尤其看重，商品的名称、颜色、款式、包装等都会成为她们购买的原因。另外，她们还非常看重商品能带给自己的实际利益，如果商品在细节处具备同类商品不具备的优势，更容易吸引她们购买。

因此，企业在针对女性消费群体做广告时，可以着重宣传商品的外观形象，突出商品的实用价值，以及细节优势。

中产阶级消费群体有以下几种特征：受教育水平高、收入高、品位高、购买力强。他们重视商品的品牌，重视商品给他们带来的特定体验，以及为他们树立的形象。企业要想抓住这类消费群体，就要在广告中着重宣传产品的品牌与特性，以及产品能带给他们的优质生活体验。

有效进行广告投放

———————— • ————————

很多企业都因为广告投放不当，造成了巨大的浪费。广告界一直流传着这样一句话："我知道我的广告费至少浪费了一半以上，但我不知道究竟浪费在哪里。"这句话道出了很多企业的心声。怎样有效地进行广告投放，减少浪费，成了摆在企业面前的一道难题。

要解决这个难题，必须明确广告投放的几项原则。

第一是扩大有效受众原则。在进行广告投放时，切忌只选择单一的媒介。因为企业的目标消费群通常不是单一的媒介所能覆盖的。企业要选择一个主要的媒介，然后借助其他辅助媒介，覆盖该媒介受众之外的那部分消费者。只有这样，才能尽可能地使企业的广告覆盖所有目标消费者。

在选择媒介时要注意，广告目标受众占媒介总受众的比例一定不能太低。举个例子，在一些儿童节目中穿插零食或玩具广告，效果肯定很好，但如果穿插一些汽车广告，效果必然会大打折扣。

第二是巩固提高原则。这要求企业在广告投放时要注意频率，经常提醒顾客，帮助消费者巩固记忆。需要注意的是，如果只选用一种媒介，不容易让消费者记忆深刻。至少要选用两种媒介，相互配合，以加深消费者对广告的记忆。例如，企业可以一面在电视台播广告，一面在网络平台发布创意广告。先看到电视广告的消费者，再看到网络广告时，自然会联想起此前在电视上看到的广告。这样一来，广告中宣传的产品或服务便能为其留下双重印象，不容易遗忘。

很多企业决策者都认为，只要广告投放媒介足够强势，频率足够高，就能有效吸引消费者的关注。当前短视频、网络平台无疑是最强势的媒介，因此这些决策者不惜花大价钱，不断展开强大的广告攻势，殊不知单一的宣传效果并不及多种传播媒介并用。并不是所有网络广告都能取得良好的收效。实际上，针对中老年群体的产品，电视广告依旧发挥着威力，晚上 7 点左右是投放电视广告的黄金时期。不同媒介做广告，效果也会不同。例如，选择报纸做投放媒介，若能将广告刊登在头版或是末版上，同样能取得不错的收效。

第三是信息互补原则。不同的媒介，传播性也各不相同。举个例子，网络广告方式多样，成本低廉，但制作效果一般，有些甚至容易引起受众反感；电视广告能让消费者迅速记住一种产品，但因为电视广告持续时间短，信息量少，很难让消费者对产品有较深的了解；报纸和杂志上的广告则能有效弥补电视广告的缺陷，对产品做出比较详细的说明。

第四是时空交叉原则。不同的媒介，传播时间也各不相同。电视广告和报纸广告间隔时间很短，适合爆炸性宣传，效果立竿见影，但杂志广告却因间隔时间太长，见效较慢。因此，企业在投放广告时，可以选择多种不同的媒介，进行宣传频率的合理组合。

广告媒介的选择和组合要视产品的推广阶段而定。如果是一种刚刚开始推广的新产品，就要加大广告宣传的密度，将产品信息密集地传播到目标消费群那里。如果是一种在市场上相当有知名度、相当畅销的产品，自然不用采用这样的广告宣传方式。到了这个阶段，广告对产品的意义，就是加强消费者和产品之间的情感交流。要注意，这种情感交流绝对不是可有可无的。有科学研究表明，每隔三周，消费者对产品的记忆和情感就会下降 2%~5%。若是企业在此期间没有投放任何广告，提醒消费者记起自己的产品，便会给同类型产品以可乘之机。

找消费者来评判广告的优劣

————————— • —————————

北宋诗人苏轼曾写道："不识庐山真面目，只缘身在此山中。"后人常用这两句诗来形容一件事的参与者反而辨识不清这件事的本质。这个道理同样可应用于对广告的评判中。无论是广告制作公司还是企业内部人员，都无法客观而公正地评判一则广告的优劣，唯独消费者才是企业广告的最佳评判者。

广告公司在帮你设计、制作广告时，想得最多的是如何在广告中将本公司的实力完全展现出来，从而引导更多的潜在客户变成真正的客户。这种想法表现在实际工作中，就是他们将大部分时间和精力都用来研究这则广告本身，而不是你的产品。

在这样的前提条件下，如果让广告公司来评判广告的优劣，得出的结论只能是这则广告能否帮他们吸引更多的客户。至于能不能帮你吸引更多的客户，广告公司根本无从得知。

同理，企业内部人员也无法对广告的优劣做出正确的评判。这是因为，企业内部人员和真正的广告受众——消费者手中掌握的产品信息量有着天壤之别。

对于本企业生产的产品，企业内部人员都有着充分的了解，但消费者对其的了解却只限于一则持续时间只有十几秒甚至几秒，或者只在报纸杂志上占了一个版面甚至更少的广告。这导致的结果是，很多企业内部人员眼中的好广告，在消费者看来却是一头雾水。不少消费者在看完一则广告后，甚至都不知道这是什么产品的广告，自然也不会去购买这种产品。这样的广告连合格都称不上，更何谈成功？

英国皇家太阳联合保险公司曾在杂志上刊登了这样一则广告：两座办公大楼坐落在蓝天白云下，旁边写着一句醒目的广告语："无论您身处何地，我们都会关注您。"这便是广告的全部，没有只言片语提及公司的名称和为消费者提供的服务。除了此前就对该公司有一定了解的消费者，其他人在看到这则广告时，都会如堕五里雾中，不明白他们想表达些什么。

这样的广告无疑是失败的，但是皇家太阳联合保险公司的内部工作人员却很难发现这一点。因为他们对自己的公司和服务都已相当了解，便自以为是地认为消费者也应该对此有所了解。实际上，能看懂这则广告，明白他们意图的消费者，不足十分之一。

由于看问题的视角不同，企业内部人员和广告公司很容易犯这类自以为是的错误。要避免这类错误，企业就应在设计、制作广告的过程中，尽量从客户的角度思考问题，设身处地想如果自己身为消费者，会被什么样的广告吸引，进而产生消费欲望。当然，最好的方法还是邀请真正的消费者来做广告的评判者，只有这样才能得出最客观、最公正的评判结果。

如何"蹭"热点

————— · —————

在信息时代，热点就意味着流量，而流量又会带来商机。所以，在线上营销时，我们一定要善于借助热点。那么，我们具体该怎样去借助热点呢？

第一，时刻关注热点。所谓的"热点"，包括广义和狭义两方面。广义上的热点指的是受到社会普遍关注的新闻或事件，狭义的热点指的是备受关注的事件、地点、观点或词语。对于这两方面，我们要有一定的观察力和判断力，从中选出有助于营销的内容。

第二，要考虑到时效性。热点与新闻一样，都是有时效性的。当我们发现一个热点时，要先看看它正处于哪个阶段：如果是刚刚爆发，那我们就有很大机会能抢占先机；如果已经过了几个小时了，而我们又确定它有用，那就得加把劲，在内容的深度上多下功夫；如果已经超过一天，或者热度已经渐渐下降了，那就干脆放弃，耐心等下一个热点。

第三，要考虑到传播度。我们应该选择那些能吸引客户主动分享传播的热点，比如在情感上能引起共鸣的，或实用性强的。至于那种只能让观众凑个热闹、满足一下好奇心，却没有分享欲望的热点，就没有选择的必要了。

第四，要考虑到热点与商品之间的相关度。对于一个热点，我们应该考虑从哪个角度切入，才能使它与我们的商品融合起来。切入的方法有偏传统的报道，也有更灵活的分析、比较、评论等。而当一个热点我们无论从哪个角度切入，都不能使它与商品产生联系时，这个热点就起不到促进营销的作用，就应该被果断放弃，否则我们花费了大量精力，就只是充当了一个热点信息的传播者而已，除了让客户对热点的印象更深了以外，我们自己得不到任何收益。

第五，要传播正确的三观。有人把借热点吸引流量的做法称为"蹭热点"，之所以用这种略带贬义的方式去形容它，大概是因为很多人在借助热点吸引流量时毫无道德底线，为博人眼球故意散播扭曲的三观，以致惹人反感。因此，在选择热点的过程中，我们要有一定的衡量标准，比如，它是否有助于我们树立正面形象？它会不会引起大众的舆论批判？也就是说，在宣传商品的同时，我们也要有一定的社会责任感，要传播正能量和正确的三观。

第六，注重与观众之间的互动。我们可以通过话题投票、抽奖、回复观众评论等方式激发观众的热情，让他们更多地参与讨论，并把你发布的内容分享出去，这对促进营销是非常有利的。

直播带货中不能出现的敏感内容

———————— • ————————

　　线上平台的直播带货过程中，不能涉及敏感内容，否则轻则被警告、停播，情节严重的甚至封号。直播中不能出现的敏感内容因平台而异，而且相关规定可能会随时间变化而有所调整。在这里，我们对当前常见直播平台中不能出现的敏感内容类型做一个总结。

　　有夸大事实或虚假宣传嫌疑的"极限"类词汇，包括：带"最"字的、带"首"字的、世界级、国家级、超级、100%、第一、永远、万能、无敌、全网等。

　　无法考证或有夸大嫌疑的词汇，包括：史无前例、前无古人、永久、万能、祖传、特效、无敌等。

　　没有相关证明不能随意使用的"权威"类词汇，包括：国家某领导人或机关推荐、质量免检、老字号、中国驰名商标、特供、专供（唯品会专供除外）等。

　　涉及医疗功效的词汇，包括：补血安神、活血化瘀、消炎镇痛、驱寒解毒、抗癌、减肥、消除疤痕、调节内分泌等。

有"刺激消费"嫌疑的表述，包括：明天下单就没这么优惠了、手慢无、秒杀、抢疯了、万人疯抢等。

有欺诈消费者嫌疑的表述，包括：点击领奖、恭喜获奖、全民免单、点击有惊喜等。

与"黄赌毒"有关的内容，例如黄色录像、色情图片、长时间暴露隐私部位、赌球、赌马、赌石、打牌、讲解制毒过程、吸毒等。

涉及敏感的政治问题和国家法律法规相关的内容时，更应措辞谨慎，以免引起不必要的争议。

组织、宣传、诱导用户加入传销或有传销嫌疑的机构或组织的相关表述。

对国家机关各部门的标识、徽章，如国旗、国徽、警徽等进行不当展示。

侵犯合法权利的表述，例如：侵犯他人肖像权或名誉权，侵犯他人姓名、联系方式、聊天记录等隐私。

盗播、转播他人知识产权的内容或泄露他人的商业机密。

与投资或融资相关的内容，包括：推荐股票、网贷，推销金融产品、证券或期货有偿咨询等。

展示使用刀具（或仿真刀具）、枪支，表演危险性动作等。

暴力恐怖的画面或表述，包括：虐待、杀害动物，殴打和暴力威胁他人等。

有辱骂或人身攻击性质的不文明词汇，包括：傻×、脑残、娘娘腔等。

假吃、进食后催吐、宣扬暴饮暴食、故意浪费食物等吃播内容。

与宗教信仰相关的内容，包括：天主、耶稣、神、上帝等，语言以及实物出境可能受到限制。

宣扬封建迷信的内容，包括：驱邪避凶、提升运势、旺宅保平安、卜卦算命、施法、驱鬼等。

为避免向其他平台引流，通常不能提及其他平台的名称，也不能提供其他平台的联系方式，包括手机号、微信号、二维码等。

展示、宣传假币，或出现人民币等纸币（央行批准使用人民币图样的除外）。

化妆品宣传语中不能出现的表述，包括：特效，高效，全效，强效，速效，速白，一洗白，××天见效，××周期见效，超强，激活，全方位，全面，安全，无毒，溶脂，吸脂，燃烧脂肪，瘦身，瘦脸，瘦腿，减肥，延年益寿，提高（保护）记忆力，提高肌肤抗刺激能力，消除、清除、化解死细胞，去（祛）除皱纹，平皱，修复断裂弹性（力）纤维，止脱，采用新型着色机理永不褪色，迅速修复受紫外线伤害的肌肤，更新肌肤，破坏黑色素细胞，阻断（阻碍）黑色素的形成，丰乳，丰胸，使乳房丰满，预防乳房松弛下垂（健美类化妆品除外），改善（促进）睡眠，舒眠等。

正式带货前如何热场

一场成功的直播带货不仅仅取决于产品质量和价格优势，还与直播的氛围、节奏以及主播的表现密切相关。其中，正式直播带货前的热场环节尤为重要，它能够为整个直播奠定基调，吸引观众的注意力，激发他们的购买欲。下面，我们将详细探讨正式直播带货前如何热场。

在直播开始前，主播和团队需要做好充分的准备工作。首先，要明确直播的主题和目标，例如是推广新品、清库存，还是打造品牌形象。根据目标制订相应的热场策略。其次，要深入地了解产品，包括产品的特点、优势、使用方法、适用人群等。只有对产品了如指掌，主播才能在热场中自信地介绍和推荐，从而吸引观众下单。此外，我们还要准备好直播所需的各种设备，保证直播画面清晰、声音清晰、网络稳定。与此同时，妥善布置直播场地，营造出所需的氛围。

刚开始直播时，主播应以热情、亲切的态度向观众问候，例如："亲爱的朋友们，大家好！欢迎来到今天的直播间！"让观众感受到主播的热情和真诚。接着，通过简单的提问或互动来吸引观众参与，比如："大家今天心情怎么样？""有没有一直在期待今天直播的小伙伴，在屏幕上扣个1，我看看。"类似的互动可以迅速拉近与观众的距离，使观众感觉更有参与感。

经过一番问候，与观众拉近了距离以后，主播就可以介绍直播的流程和观众福利了，这样做的目的是让观众对接下来的直播内容心中有数，并对福利抱有期待，从而留在直播间观看。具体怎么说呢？举个例子："今天的直播分为三个环节，首先是产品介绍，然后是试用展示，最后是限时抢购环节。"对于直播过程中为观众准备的福利，如优惠券、折扣、赠品等，应该着重介绍。可以说："今天为大家准备了超多惊喜福利，只要您关注、分享、在评论区留言，就有机会获奖！"

在热场时，可以分享一些趣事、笑话或当前的热点话题，从而营造出轻松愉快的氛围。在话题的选择上，要符合直播的主题和观众的兴趣。例如，在美妆直播中，可以分享一些明星的化妆秘诀和时尚界的趣闻；在美食直播中，可以讲一些与美食相关的文化故事。这样的分享能使观众在有趣的故事中对产品有更全面的了解，产生更多好感。

在正式介绍产品之前，可以先对部分重点产品进行预热和展示。例如，展示产品的外观、包装，简单提及产品的独特卖点，引起观众的好奇心。比如："今天我要给大家带来一款超级实用的厨房电器，它外观简约大气，功能既多又强大，过一会儿我就为大家详细介绍。"通过这种预热，既能使观众对产品产生期待，也能为后续的详细介绍做好铺垫。

与观众一起做一些简单有趣的互动游戏，比如有奖竞猜等，这样能使观众有更多的参与感，也能使直播间的气氛更活跃。另外，还可以每隔一段时间就进行一次抽奖活动，这样可以在很大程度上吸引观众多留在直播间。

在热场的最后阶段，可以适当营造出一种紧迫感，比如，"今天的直播产品有限时优惠，数量有限，先到先得！错过了今天，可能就再也没有这么好的机会了。"这种紧迫感能够促使观众尽快做出购买决策，提高销售转化率。

正式直播带货前的热场，是决定直播成功与否的关键因素之一。通过上述几步，可以有效地吸引观众的注意力，激发他们的兴趣和购买欲望，为后续的直播带货打下坚实的基础。

直播带货中不冷场的几个小技巧

———————— • ————————

要确保一场直播带货顺利进行，且中途不冷场，这需要主播掌握一定的技巧和策略。下面就是几个能让直播带货始终保持热度的小技巧。

第一，直播前要做好各项功课。在直播开始前，主播除了要对商品的特点、优势、使用方法、适用人群等方面有深入的了解外，还要对市面上的同类产品或"竞品"有相应的了解，以便在介绍时能突显自家商品的独特优势。与此同时，每场直播都应该有详细的流程和脚本，每个环节的重点内容是什么，需要用多长时间，这些问题都要——明确，以免在正式直播时发生混乱或出现冷场。

第二，学会营造氛围。在氛围好的直播间里，观众自然愿意多停留、多参与。营造氛围可以通过热情的态度、亲切的笑容、幽默的语言、适当的背景音乐等方式来实现。

第三，多与观众保持互动。这是维持直播热度的关键。对于观众的评论和提问，主播要时刻关注，并及时做出答复。其他互动方法包括抽奖和投票等。

第四，展示产品的多样性和实用性。除了常规介绍外，还可以通过现场演示、对比测试、案例分享等方式让观众更直观地了解产品。例如，对于一款厨房电器，主播可以现场制作一道美食，展示它的各项优点；对于一款健身器材，主播可以亲自示范，具体讲解各种功能和对应的使用方法，还可以顺便分享一些健身心得和技巧。这种生活化的展示能将观众带入具体的使用场景中，让他们产生美好的联想，从而更有下单的欲望。

第五，讲述品牌故事和经营理念。有历史、有故事的品牌往往更能打动消费者。主播可以在直播中讲述品牌的创立历程、发展故事以及经营理念。比如，一个手工饰品品牌，主播可以分享创始人如何从对手工艺的热爱开始，一步步发展成为一个有影响力的品牌，以及品牌在坚持手工制作、传承传统文化方面的努力。这样的故事能够让观众对品牌产生情感认同，从而更愿意支持和购买产品。

第六，团队成员之间要配合默契。一场成功的直播带货离不开团队的默契配合。主播、助播、客服等人员要各司其职，相互协作。助播要及时协助主播展示产品、补充信息、引导互动等；客服要随时准备回答观众的咨询和处理订单问题。比如，当主播在介绍产品时，助播可以在旁边展示产品的细节，或者配合主播进行一些演示；当观众提出问题时，客服要迅速给予准确的回答，解决观众的后顾之忧。团队的默契配合能够保证直播的流畅进行，避免出现冷场和失误。

直播带货中如何消除观众异议，促成交易

————— · —————

在直播带货的过程中，有观众对产品或服务提出异议，这种情况很常见。巧妙地应对这些异议，消除观众的顾虑，进而促成交易，是每一位主播都需要掌握的重要技能。

一、当观众提出异议时，我们首先要确定异议的类型

在直播中，观众的异议大致分为以下几类：

第一类，对价格有异议。认为产品价格过高，超出了预算。

第二类，对质量有异议。担心产品质量不够好，或对产品的安全性、效果等方面有疑问。

第三类，对功能有异议。观众认为产品的功能不能满足自己的需求，或质疑主播对某些功能描述得不够清晰。

第四类，对品牌有异议。对品牌的知名度或信誉度心存怀疑。

第五类，对售后有异议。担心售后服务不到位，如对退换货政策、

维修保障等不了解。

只有清晰地了解异议的类型，主播才能更有针对性地对异议进行回应和解决。针对观众的异议，主播要能提供充分的证据和信息来消除他们的顾虑，具体解决方式如下：

对价格有异议的，如果产品价格确实比较高，那么主播可以强调产品的材料质量高、工艺精湛、设计独特等。此外，还可以与市场上同类型的低质量产品做对比，让观众明白在主播这里下单是物有所值的。

对质量有异议的，主播可以展示产品的质量检测报告、用户评价、权威认证等，让观众看到产品的可靠性。

对功能有异议的，主播可以详细地介绍产品的功能特点，还可以现场演示，让观众更直观地了解产品的功能是否符合他们的需求。

对品牌有异议的，主播可以讲述品牌的发展历程、品牌理念、市场口碑等，提升品牌在观众心中的形象。

对售后有异议的，主播要清晰地介绍售后服务政策，包括退换货流程、维修期限、客服联系方式等，让观众放心购买。比如："观众朋友们，我们这里是有 7 天无理由退换货保障的。如果在使用过程中出现任何质量问题，我们还提供 1 年的免费维修服务。在这些方面如有疑问，您随时都可以联系客服。"

二、态度友好，并始终保持耐心

主播不能因为观众提出异议而表现出气愤或不耐烦，这会让观众感到不被尊重，从而失去购买的兴趣。要用温和的语气和微笑来面对观众，让他们感受到你的诚意和热情。比如观众说"这个价格太贵了",主播可以微笑着回应:"亲爱的,我理解您对价格的关注,先别急,听我给您详细解释一下为什么这个价格并不高。"

三、强调产品的价值和优势

在消除了观众的异议后,主播还要强调产品的价值和优势,让观众充分认识到这款产品都能给自己带来哪些好处,从而更有下单购买的意愿。比如,对于一款健身器材,主播可以说:"拥有了这款健身器材,您就可以在家随时进行锻炼,不仅节省了去健身房的时间和费用,还能让您拥有健康的身体和完美的身材。这是对自己的一项长期投资,难道不值得吗?"

四、处理观众异议时,主播还要掌握一定的语言表达技巧

在处理异议的措辞上,应该讲究委婉和客观,如"在正常情况下是不会有问题的""相对而言更好"等。不能把话说得太绝对,如"绝对没问题""肯定是最好的"等。要多肯定和称赞观众,让观众有被认同和欣赏的感觉,比如:"考虑得太周全了,由此可见,您在消费方面很理性、很谨慎。"

如何在直播结尾为下次带货埋伏笔

—————— • ——————

在直播带货的过程中，一个精彩的结尾不仅能够给观众留下深刻的印象，还能为下次的带货活动埋下巧妙的伏笔，引发观众的期待和持续关注。以下是一些在直播结尾为下次带货埋伏笔的有效方法。

第一，提前透露下次带货的主题或品类。在直播接近尾声时，主播可以略带神秘地向观众透露下次带货的大致主题或品类。例如："家人们，今天的直播马上就要结束啦，不过我要偷偷告诉大家，下次直播时，我们会上一批款式非常新颖的夏装，都是目前市面上很难找到同款的，这样大家就不用担心穿出去时与别人撞衫了！"如果观众对这类产品有需求的话，那么这种提前的透露对他们是相当有吸引力的。这样一来，他们也就成了下次直播的潜在消费者。

第二，宣布下次直播会有更优惠的价格和更多福利。价格和福利永远是吸引消费者的重要因素。在直播接近尾声时，主播可以说："这次的优惠是不是让大家很满意？别着急，下次直播我们会争取为大家带来更劲爆的价格和更多惊喜福利，让您更省钱、更开心！"

第三，介绍下次直播中的亮点产品，引起观众的兴趣。比如："下次直播，我们将为大家带来一款科技感十足的智能家电，它的功能绝对会让您眼前一亮，彻底改变您的生活方式。大家一定要持续关注我们的直播间哦！"

第四，制造悬念。比如可以说："下次直播，我们将揭开一个行业内的秘密，这个秘密与大家的日常生活息息相关，而且会给您带来意想不到的收获。想知道是什么吗？关注我们的下次直播，届时将为您揭秘！"这种充满悬念的表述能在很大程度上激起观众的好奇心，让观众迫不及待地想知晓答案，从而增加他们对下次直播的关注度。

第五，邀请观众为下次直播出谋划策。这能让观众对你的直播间有更多的参与感和归属感。比如："亲爱的朋友们，下次直播的内容由您来决定！在评论区留言告诉我们您最想看到的产品或者您希望我们举办什么样的活动，我们会根据大家的建议来精心准备。期待您的参与，一起打造更精彩的直播！"这样的互动方式能够增强观众与主播之间的黏性，同时也为下次直播积累更多的创意和话题。

第六，在结尾时着重强调持续关注直播间的重要性。比如可以说："如果您不想错过下次的精彩直播和超值好物，一定要点击关注我们的直播间，并且打开直播提醒。这样，您就能第一时间收到我们的直播通知，不错过任何一个抢购的机会！"通过这种方式，可以提醒观众关注直播间，为下次直播积累人气。

不要滥用低价策略

·

所有消费者都喜欢低廉的价格，在各类营销策略中，低价策略是最有效的一种。然而，企业在使用这一策略时一定要格外慎重。要知道，滥用低价策略非但不能起到促销的效果，反而会使企业的利益受损。

使用低价策略，可以帮助企业更顺利地进入市场。不过，这里所说的"低价"，必须是"超低价"。如果企业降价幅度太小，很容易引来竞争者模仿。如此一来，便很难取得预期的效果。企业若决意采取低价策略，就一定要将价格降到其他竞争者都不敢模仿的地步，这样才能抢占市场先机。只是，这样做又会造成几个严重的后果。

第一，企业盈利锐减，影响企业的发展壮大。因为盈利减少，企业没有足够的资金用于经营、管理和研发，这势必导致企业发展后劲不足。长此以往，企业必然很难在市场上立足。

第二，改变产品定位，破坏品牌形象。对那些高端定位的企业来说，这一点尤其明显。试想一下，如果香奈儿忽然大幅降价，变成了人人都能买得起的大路货，其品牌形象必将毁于一旦。

第三，毁坏企业信誉，败坏企业形象。若是一家企业隔三岔五就降价，必然会对其信誉和形象造成恶劣的影响。举个例子，一家服装店上周还一点折扣都没有，这周忽然全场打五折。上周在店内以原价购买衣服的消费者，见到这样的情形，必然会懊恼万分，这家店在其心目中的信誉和形象必将在顷刻间毁坏。

第四，损害消费者的利益。可能有很多人对此很不理解，产品价格降低了，只会让消费者受益，又怎会使消费者利益受损呢？其实，这一点并不难理解。所有企业都以追求最大盈利为目标，为了弥补滥用低价策略给自身带来的损失，他们势必会通过各种途径，努力降低生产成本。这样一来，产品的质量便很难得到保证，消费者的利益便会受到巨大的威胁。

鉴于以上几点，企业在确定是否要使用低价策略时，务必慎之又慎。

然而，在某种情况下，企业也会陷入被动状态，就算自己不愿意，也不得不采用低价策略。这种情况就是价格战，即同类型企业竞相降低商品价格的竞争行为。可即便如此，企业依然要谨慎行事。

若是价格战的参与者只是一些小企业，那企业大可以置身事外，哪怕要为此遭受一些损失，也比盲目卷入价格战要好得多。因为这些小企业实力不足，只能小打小闹，这样的价格战通常很快就会结束。但是，企业在这样做的同时，也要密切关注那些大企业，一旦发觉有大企业参与其中，便要适时改变策略。

面对小规模的价格战，企业也可以联合同类型的其他企业组成联盟，共同抵御价格战。不过，这种联盟很容易"破产"，毕竟每个企业都各有打算，很难做到团结一致。

价格战爆发时，若是连行业的领头者都已参与其中，那企业便很难再置身事外了。如果企业实力不足，就要采取收缩战略，重点保护自己的重要市场。等价格战结束后，再想办法收复失地。

在参与价格战的过程中，企业应该尽量避免直接降价，最好的方式是返利，这样可以增加销量，尽可能地减少企业的损失。

另外，企业要未雨绸缪，平时就要注意开发差异化产品。如果一家企业的主要产品有两种或多种，那么当其中一种产品卷入价格战时，还有其余产品保底，这有利于企业恢复元气。

做好节日促销

节日是商家进行促销的好时机。节日期间，商店人流量大，顾客心情放松，更容易被说服，掏出钱来购买商品。节日促销做得好，不仅可以刺激消费，增加商店销售额，还可以提高商店的知名度和影响力，从消费者那里获得更多的认同。只是，要怎样才能做好节日促销呢？

首先要在促销之前制订完善的计划。一份完善的促销计划主要包括三方面的内容：第一是促销背景，也就是向上级说明为什么要进行促销；第二是促销策略，即选择什么样的方式进行促销，最终要达到什么样的目的；第三是促销的具体内容，其中又包括促销的时间、执行人、商品的陈列要求、促销宣传方式、人员安排、费用预测、效果预测等。只有事先制订好计划，才不至于在促销到来之际乱了阵脚。

在制订计划的同时，还要积极对外宣传，让目标顾客了解商店的促销活动，在促销日前来光顾。否则，商店方面准备得再充足，没有顾客来买也是白搭。

对外宣传的方法有很多，有些商店习惯于在门店张贴广告，其实这种做法的收效并不好。广告张贴在不显眼处，不容易引起顾客的关注；广告刊登得太显眼，又花费不菲。作为商家，自然希望花最少的钱，做最有效果的广告。要实现这个目标有一个好方法，就是印刷独立的宣传手册，上街散发给顾客。

不少商店会在节日促销之前给顾客邮寄广告，殊不知大多数人看到广告之后的第一反应是将其丢进垃圾桶。与其这样，不如直接给顾客邮寄一些小礼物，并在小礼物上附上商店的促销信息。要知道，再微不足道的礼物，也很少会有人直接丢弃。如此一来，商店的宣传目的也就达到了。

不过，受各种条件限制，大部分商店还是只能选择为顾客邮寄广告，但就算邮寄广告，也一定要让广告尽可能吸引人一些。例如，在信封上印上一句充满悬念的话，吸引顾客打开信封，查看里面的内容；用一句不完整的话作为一页的结束语，让顾客产生继续阅读的冲动等。

值得注意的是，在宣传的过程中，一定要遵守诚信原则，绝不能肆意夸大促销的程度。这样的谎言，顾客到店内一看，就会马上拆穿，到时势必会引起顾客的反感，影响促销活动顺利开展。

促销期间，店内的人流相较以往会有所增加，原有的人手可能会不够用。商店方面要事先做好人手调配，以免关键时刻手忙脚乱，怠慢了顾客，造成顾客流失。

另外，一些大型商店还应格外留意顾客的安全问题。因为这些商店名头响，促销规模大，促销期间，往往人流量剧增。人一多，安全隐患也随之增加。此前，国内外已经出现了多起因节日促销导致的踩踏事故，死伤多人。因此，大型商店务必在节日促销期间增加保安人员，加强现场管理，维持正常秩序，并事先制订应急预案，万一真有意外出现，也不至于手足无措。

节日期间，大部分商店都会展开促销，彼此之间竞争激烈。不少商店选择预先向顾客发放折扣券，吸引顾客前来购买。这时，你需要做的是，接收其他商店的折扣券。你甚至不用自己印刷折扣券，只需告知顾客，所有同类型商店的折扣券，均可在本店使用，这样就能帮你吸引更多的顾客。大部分顾客都贪图方便，既然在这家店能用同样的折扣买到同样的商品，又何苦再绕到另外一家？

做好赠品促销

————————— ● —————————

　　所谓的赠品促销，是指在顾客购买商品时，附赠其他有价值的商品或是服务的促销活动。赠品促销能直接给顾客物质方面的实惠，并能让顾客产生愉快的购物感觉。这种直接的利益刺激，能在短期内增加商店的销售额，提升商店在顾客心目中的形象，增强商店的竞争力。因此，赠品促销便成了商店发展的一大法宝。那么，要怎样才能做好赠品促销呢？

　　首先要设计出好的赠品。好的赠品一定要能满足顾客的需要，这样才能得到顾客的认同。送顾客一些他们根本不想要的赠品，那赠品也就失去了原有的意义。如果你无法确定顾客到底想要什么，那不妨多准备几样赠品，让顾客自由选择。这样一来，你的工作轻松了，顾客也会非常满意。

　　好的赠品一定要让顾客容易获得，最好让所有购买商品的顾客都有机会获得。可望而不可即是赠品促销的一项大忌，这样的促销断然不会取得好的效果。

好的赠品务必跟顾客购买的商品有一定的关联性。例如，买牙膏赠送牙刷，买大瓶装洗发水赠送小瓶装洗发水，等等。商品和赠品相互依存，相互配合，这样才能让顾客产生最直接的价值观感，赠品促销才能有好的收效。

好的赠品一定要有较高的使用率，如此一来，才能经常提醒顾客，加深顾客对赠品、所购商品，以及商店的印象。

值得注意的是，价格低的赠品未必就不能成为好的赠品。实际上，大部分赠品的价格都不高。正因为这样，有不少商家习惯于遮遮掩掩，不愿让顾客了解赠品的实际价格。其实，在很多情况下，这样做根本就没必要。毕竟，顾客购买一件商品的根本原因是他们看中了这件商品，商家的赠品只是促使他们购买的诱因。如果商家向顾客坦陈赠品的价格，反而能让顾客感受到商家的真诚，提升商家在顾客心目中的形象。

不过，好的赠品一定要有好的质量。有些商家认为，赠品既然是无偿赠送给顾客的，无论质量高低，顾客都应该欣然接受才是。殊不知，赠品也跟商品一样，代表着商家的信誉。商家向顾客发放质量低劣的赠品，不仅无法取得预期的促销效果，反而会毁坏商家的信誉。

设计出好的赠品以后，就要对赠品促销展开实际操作了。打头阵的是广告宣传，要争取将促销信息传达到所有目标顾客那里，吸引他们来到店内采购商品，但别以为只要做到这一点就足够了。

顾客来到商店时，面对的是多种同类型的商品，有很大的选择空间。如果商家不将赠品的价值凸显出来，就很难吸引顾客购买指定商品。在这样的情况下，适当地炒作赠品的价值是可行的。商家可以详细地告诉顾客，使用这些赠品会为他们带来哪些好处。但要注意，炒作绝不等同于造假，只有实事求是才能说服更多的顾客购买。

为了吸引顾客的关注，商家可以将赠品集中摆放，给顾客最直接的视觉冲击。为了刺激顾客马上购买，商家还可以营造一种紧张的氛围，例如告知顾客本次促销活动到什么时间截止，赠品的数量有限，赠完为止。

还有一点非常重要：商家务必让顾客了解，赠品是商家额外赠送给顾客的，绝不包含在商品的实际标价中。为此，店员可以这样对顾客说："我们的商品标价比同类型的其他商品已经便宜了很多，今天您购买我们的商品一定物超所值。而且为了感谢您对我们的支持，我们还将免费送给您一些赠品。"

打折促销要谨慎

———————— • ————————

打折是市场竞争中最原始、最有效的促销武器。打折促销能给商家带来很多好处，但与此同时，它又会给商家带来很多负面效应。因此，商家在具体操作时一定要谨慎。

打折促销如果操作得当的话，能给商家带来以下几种好处：

第一，在短期内增加销售额。

第二，吸引更多的新顾客。

第三，迅速提升商场的知名度。

第四，有效打击竞争对手。

商家在看到这些好处的同时，也不要忽视打折促销带来的负面效应：

第一，打折促销只能在短期内增加销量，不能从根本上解决销售问题。

第二，会降低商家的利润率。

第三，促销结束后，产品恢复原价，销量会迅速降低，短时期内难以恢复。

第四，容易造成虚假的市场繁荣，误导决策者制定出错误的行销策略，对日后的发展不利。

第五，容易引发价格战。

正因为这样，商家在选择打折促销的商品、方式和时间时，务必慎之又慎。

先说打折的商品，究竟哪些商品适合进行打折促销呢？

一是季节性商品，最典型的代表就是服装。

二是消耗量大、需要频繁购买的商品，例如洗衣粉、洗发水等日化用品，还有食品、饮料等。

三是即将过期的商品，通常是指食品。

需要注意，新品最好不要打折。因为消费者普遍认为，新上市的商品在短期内是不会打折的，所以他们才愿意以原价购买新品，成为最早一批享用者。

如果消费者前一天刚刚买到的新品，第二天就挂上了8折的牌子，无疑会给消费者带来心理阴影。以后再买同类型的商品时，他们会刻意避开这个牌子。

另外，名牌最好也不要打折。因为名牌针对的往往是高收入消费者，价格浮动对他们造成的影响并不大。而且在大多数消费者看来，名牌商品就应该价格高昂，打折反而会损害它们在消费者心目中的形象。

再说打折的方式，主要有直接打折、积分奖励、返还购物券三种方式。根据调查，直接打折是最受消费者欢迎的一种方式。

现在消费者的心理日趋成熟，商家已经很难再通过花哨的打折方式迷惑他们了。而直接打折显然是商家最玩不出花样的一种方式，所以在消费者中间支持率最高。商家在打折时，可多采用这种方式。

折扣率最少也要有 10%，当然最好是在 20% 以上。

接下来再说打折的时间，最好是每个季度举行一次。季末清仓是消费者普遍接受的一种促销方式。另外，逢年过节也要举行相应的打折促销活动。

活动持续时间最好控制在两周以内，持续时间过长，反而会使消费者的购买热情下降。最重要的是，时间一长，消费者习惯了折后价，便很难再接受原价。

巧用对比促进销售

———————— • ————————

在现代销售中，对比原理被广泛应用。一名优秀的销售员，要懂得适时利用对比原理，以促进销售。

对比原理是人类的一种知觉原理，它会影响人类对顺次出现在自己面前的两种事物的看法。举个例子，我们先跟一位漂亮的女士谈话，接下来，又有一位样貌普通的女士加入交际。两相对比之下，我们会觉得后者的样貌比她的实际长相要差得多。

现在，对比原理已被引入行销领域中，应用范围相当广泛。某些房地产商设下的"诱饵房"就是其中的典型代表。

所谓的"诱饵房"，即一些质量差、价格高的房子。有客户来看房时，房地产商会先请他们去看这些"诱饵房"，然后再请他们去看其他房子。前后一对比，客户就会发现后者比前者的性价比高得多，更值得购买。

销售员在利用对比原理促销时，要注意用来对比的产品展示给客户的先后顺序。以价格为例，先向客户介绍高价产品，再向其介绍价格较低的产品时，客户会比较容易接受。

举个例子，一名客户来到一家首饰店，说想买一条项链和一枚戒指。聪明的销售员会先向其展示项链，再向其展示戒指，因为项链的价格往往比戒指要高一些。

有些人会有这样一种想法：一个人在花大价钱买了一条项链后，他应该不愿再买一枚价格高昂的戒指了。实际上，只要这枚戒指的价格不超过项链，客户就不会那么难以接受。因为他已经买下了一条昂贵的项链，在项链的对比下，戒指的价格就显得低廉多了。

但如果销售员调转了次序，先向客户展示价格较低的戒指，再向客户展示价格较高的项链时，只会对比得项链更贵，让客户难以下决心购买。

如果以性价比作为比较的对象，就要先向客户展示性价比低的产品，再向其展示性价比高的产品。

举个例子，一名客户到商店购买笔记本电脑。聪明的销售员会先向他介绍配置较好、价格较高的产品，然后再向他介绍同样的配置或配置更好，但价格较为低廉的产品。两相对比，后者的性价比显然要比前者更高一些。这样的对比，更方便客户做出选择。

不同的产品可以使用对比原理，同样的产品也可以使用对比原理。例如，在市场上出售水果、蔬菜的小贩，会将同样的水果、蔬菜分成两类，以不同的价格出售。

很多人都觉得价格高的，质量一定好，因此倾向于买高价的产品，但实际上，两者并无多大的差别。现在很多商家都利用消费者的这种心理，将同样的产品标上两种不同的价格，促使很多消费者选择购买价格较高的产品。

另外，视觉对比也可应用到销售中。以卖水果为例，如果想让自己售卖的苹果看起来大一些，可以在旁边摆上杏、荔枝、樱桃等个头儿较小的水果。如果在苹果旁边摆上西瓜、哈密瓜等个头儿较大的水果，显然只会对比得苹果更小，影响销量。

做电话业务员要先准备好这些物品

————————•————————

电话销售是行销工作中一个非常重要的组成部分。要成为一名优秀的电话业务员，一定要事先将可能用到的物品全都准备好。这些物品包括：

第一，电话簿。

电话簿中不仅要记录客户的名字、公司和电话，还要记录每次跟客户通话的时间，以及其他相关信息。

电话业务员每次跟客户通完电话后，都要在客户的电话后面对此次通话做出相应的记录。记录可以不必太详细，但一定要有条理，最重要的是，要点一样都不能缺，例如时间，客户的态度、要求，交易的进展情况，等等。

下次再给这名客户打电话时，务必先翻阅一下电话簿中的记录。业务员若能在电话中准确地说出上次跟客户通话的时间和内容，便能有效提醒客户，同时提升自己在客户心目中的形象，进而提高交易成功的概率。

第二，笔和便签簿。

在通话过程中，要用笔和便签簿随时记录有用的信息。不要寄希望于自己的记忆力，要知道，再好的记忆力都比不上落实在纸上的记录。

第三，钟表。

钟表一定要精准，最好能精确显示多少秒，以方便打电话时控制时间，提高工作效率。

第四，优美的背景音乐。

在打电话的过程中，有时需要播放一些背景音乐来调节气氛。优美、缓和的背景音乐不仅能有效缓解业务员的紧张心理，使其以最佳状态投入工作，还能使电话那头的客户放松下来，促进交易成功。

第五，水和润喉糖。

业务员每天要打几十个上百个电话，说话太多，必然会对嗓子造成影响。要让自己的嗓音保持清亮，水和润喉糖是必不可少的。

第六，24小时开机的手机。

作为一名业务员，手机一定要24小时开机，保证让客户在任何时候都能找到你。有些客户喜欢将工作和生活融为一体，下班之后也不忘谈生意。万一他们在休息时间头脑一热，想跟你谈一笔交易，你一定要确保他们能通过电话马上找到你。

第七，传真机。

传真机在工作中的作用，大家基本了解。很多文件都必须用传真机发送，一旦缺少了传真机，必将给工作带来很多不便。因此，如果有必要的话，业务员应该在家里也配备一台传真机，以便及时收发传真。

第八，笔记本电脑。

现代社会，笔记本电脑已成了很多行业的从业者必不可少的一种办公用具。电话业务员也不例外。笔记本电脑可以存储丰富的资料，还可以随时随地上网，查找信息，收发邮件，能最大限度地方便业务员开展工作。

在电话中得到订单后，别马上挂断电话

————————— • —————————

很多电话业务员在电话中得到订单后，觉得已经大功告成，便匆匆挂断了电话。这种做法是很不可取的。一名优秀的电话业务员会在之后继续跟客户交流，与客户建立良好的关系，为将来再次合作打下良好的基础。

在电话中得到订单后，业务员有必要对客户的购买决策表达自己的赞美。除了赞美客户选择了自己的产品或服务，是一种很明智的举动之外，还可以赞美客户本身的优点。例如，可以赞美客户所在的公司规模宏大，实力雄厚，能与其合作，是自己的荣幸，等等。

这样的赞美无论是对客户还是对业务员来说，都是非常有好处的。客户会感到身心愉悦，觉得自己的购买决策十分明智，而业务员则会借此赢得客户的好感，方便再次合作。

业务员在赞美客户之余，还应向客户表达自己的感谢，这是最基本的礼貌。有些业务员在成交后连句谢谢都不说，很容易给客户留下不讲礼貌的坏印象。

因此，在挂断电话前，业务员一定要真诚地对客户说一句："谢谢您给我的工作这么大的支持。""谢谢您在百忙之中接听我这个电话，打扰了您这么长时间，真是不好意思。""真是太谢谢您了，能给我这个机会跟您合作。"中国有句古话叫作："礼多人不怪。"业务员在客户面前讲礼貌，只会加分，不会减分。

所有电话业务员都应谨记，在与客户通电话时，务必做到善始善终，绝对不能忽视最后的礼貌，否则很有可能会破坏自己之前苦心在客户面前树立的良好形象。

除了赞美和感谢，业务员还可以主动向客户提出这样的请求：给自己介绍其他客户，或是将自己引荐给其他客户。要知道，通过老客户发掘新客户，是业务员扩大客源的主要途径之一。当然，如果业务员觉得时机还不成熟的话，可以将请求暂时搁置，等到日后与客户合作次数多了，关系逐渐牢固了，再提出这些要求也不迟。

另外，业务员还可以在电话中乘胜追击，抓住这个大好时机，劝说客户购买其他相关的产品或服务。例如，业务员可以这样对客户说："除了刚才向您介绍的那种产品，我们公司还有几种与之配套的产品，不知您有没有兴趣购买？"

不过，需要注意的是，如果客户在这时明确表示自己还有其他事情要忙，要马上挂断电话，电话业务员不宜继续纠缠下去，否则极易引起客户的反感，节外生枝。这样一来，就得不偿失了。

运用幽默调节销售氛围

———————— • ————————

销售员在跟客户面谈时，有时可能会出现言穷词拙、难以沟通的情况，特别是那些刚刚加入行销行业，对谈话技巧还不熟悉的销售员。这时，销售员如果能用适当的幽默缓解一下尴尬的气氛，便可以有效消除客户的戒备心理，使面谈顺利进行下去。

有研究表明，世间最具感染力、最具普遍传达意义的交际艺术就是幽默。在人与人交往的过程中，幽默发挥着巨大的作用。有幽默感的人会让人由衷感到轻松、愉悦，所有人都愿意跟这种人交往。同样的，有幽默感的销售员也更容易取悦客户，赢得他们的信任，获得更多的订单。

在销售过程中，客户总是对陌生的销售员充满了戒备与敌意，这是人的天性。一方面，人具有群居性，无法忍受孤独寂寞，想跟各种不同的人沟通交流；另一方面，人在面对陌生人时，又会很自然地对对方产生不信任感和戒备心理。

如果一个销售员能适当运用幽默技巧，让客户从里到外都放松下来，让整个谈话氛围变得既轻松又愉快，那么再想说服客户购买，就会变得比较容易了。简单来说，就是只要你能让客户笑，就能让客户买。更何况，所有人都愿意跟能让自己快乐的人交往。一旦你给客户留下了一段快乐的记忆，就能跟客户建立长期的合作关系。

然而，很多销售员都没有意识到幽默的重要性，他们习惯于将整个销售过程变得紧张、乏味，这样只会加深客户对他们的戒备与敌意，恨不能马上结束跟他们的谈话。在这种情况下，要想说服客户购买，几乎是不可能的。

因此，要想成为一名优秀的销售员，必须掌握幽默的技巧，这也是销售过程中最重要的沟通技巧之一。有人生来就具备幽默的天性，有人却要依靠后天的练习才能变成一个幽默的人。如果你是一个天生缺乏幽默感的销售员，那你不妨多看一些小笑话，多观察一下那些幽默的同事是怎样发挥他们的幽默特长的。经过一段时间的积累，你的幽默技巧必定会有所提升。

在跟客户面谈时，如果你想迅速拉近彼此之间的距离，不妨适当讲一些无伤大雅的小笑话。被你逗笑的客户，会在不知不觉间放松下来。接下来，你再切入正题时，就会变得容易得多。

当你遭到客户拒绝时，幽默更是一个绝佳的反击武器。例如，客户对你说"不"，你可以笑着向他表达谢意，并说你通常要听到 5 个"不"，才能听到 1 个"是"。现在你已经听到了 1 个"不"，只要再听客户说 4 个"不"，你就能听到你所期盼的"是"了。

不过，凡事都要讲求尺度，幽默也是一样。如果你跟客户初次见面，对他完全没有了解，那你就不能信口开河地讲笑话。因为一旦你的笑话没把握好分寸，便会给客户留下轻浮的第一印象，之后便很难再取信于客户。

另外，千万不要拿客户的私人问题来开玩笑，这会让客户觉得你很不尊重他，对你产生反感。若是你不小心犯了这样的错误，一定要马上向客户道歉，并要当场解释清楚，别让客户继续误解你。

值得注意的是，并不是所有人都喜欢幽默。有些客户生性严肃，不苟言笑，他们喜欢直奔主题，不喜欢在那些无关紧要的玩笑话上浪费时间。你若不能及时洞察这一点，难免会引起他们的不快，影响你们之间的合作。

了解自己的竞争对手

————————•————————

《孙子兵法》中说：知己知彼，百战不殆。这个道理同样可应用于现代市场竞争。企业要想在激烈的竞争中取胜，务必在了解自己的同时，对自己的竞争对手也有深入了解。

企业要了解的竞争对手，不仅包括直接的竞争对手，还包括间接的竞争对手，不仅包括现有的竞争对手，还包括即将进入市场的潜在竞争对手。

企业不仅要了解每个竞争者的生产和经营状况，如产品产地、质量、广告、员工、分销模式、促销策略、客户服务等，还要了解每个竞争者的优势和劣势，及其各自的发展战略和目标。

企业要想深入了解自己的竞争对手，可借助多种渠道。

第一种渠道是互联网。

互联网收集情报，是获取竞争对手信息最方便、最有效的渠道之一。

首先，可借助搜索引擎，在丰富的信息海洋中收集最有价值的信息。

这种做法有很多好处：覆盖面大，信息量大，方便快捷。

其次，还可以通过浏览竞争对手的网站，获取相关的信息。现在绝大多数企业都有自己的网站，网站中会发布大量有关企业的重要信息。企业一方面可直接浏览网站，获取有用的信息；另一方面还可运用网站监测软件，对竞争对手的网站进行监测。

第二种渠道是查阅文献资料。

这里所说的文献资料有很多种，既包括公开的出版物，也包括灰色文献，甚至是保密文献。要掌握这些文献，具体有以下几种做法。

（1）到图书馆等公共信息服务机构查阅相关书籍、报刊等文献资料，复制、汇总与竞争对手相关的信息。

（2）订购本行业的各类出版刊物，获取竞争对手的信息。

（3）查阅相关部门的公开档案，工商企业的注册资料，上市公司的业绩报表，竞争对手的产品介绍和招聘广告，等等，了解相关信息。

（4）购买第三方机构的资信调查报告、行业研究报告、竞争情报研究报告等，了解竞争对手的信息。

（5）在有竞争对手参加的展览会、招聘会、研讨会上，获取其宣传资料。

（6）查阅政府部门和金融证券市场公开的资料，了解竞争对手的信息。

（7）利用专利文献检索，获取竞争对手的技术研发信息。

第三种渠道是实际调查。具体可细分为以下几种。

（1）直接观察。通过观察竞争对手的办公地点、厂房布局、员工人数、经济状况等，推测其经济实力、生产规模和工资标准等。

（2）现场调查。通过实地参观，参与有竞争对手参加的会议、展览等，获取第一手资料。

（3）访问调查。通过与竞争对手的客户、供应商、经销商等接触，了解相关的信息。不过，在此之前一定要做好充足的准备，并要掌握大量技巧，避免在访问过程中引起对方的怀疑。

（4）问卷调查。向竞争对手的员工、本行业从业人员、专家、客户等发放调查问卷，收集与竞争对手有关的情报。

（5）样品调查。通过购买、租赁等方式，直接获取竞争对手的产品，对其展开深入研究，了解相关的信息。

第四种渠道是做竞争对手的客户。

委派一名信得过的员工到竞争对手那里购买产品，接受服务，这样能更全面、更深入地从客户的角度了解竞争对手的做事方法。为了更好地验证这种方法是否有效，企业可以在实践过程中直接予以借鉴。效果好的话，可以继续推行；效果不好的话，可以很快终止。

通过上述渠道，企业收集了大量有关竞争对手的信息，但要对这些信息给予合理、充分的利用，还应建立一个完善的分析数据库，对信息进行归纳、总结。这样一来，企业才能有效分析、评价竞争对手的策略和行动，并及时找出应对的策略，在竞争中获胜。

嫌货才是买货人

有句俗语叫作："嫌货才是买货人。"意思是那些对产品百般挑剔的人，才是真正想购买产品的人。销售员如果遇到这样的客户，一定不要放走他们，要抓住机会，尽可能促成交易。

作为销售员，要做好心理准备，随时迎接客户的批评。要知道，客户之所以会批评、嫌弃你的产品，正是因为他对你的产品产生了浓厚的兴趣。有了兴趣，他才会认真思考。思考过后，又会提出更多的批评。这是一种必然的规律。如果客户对你的产品没有半点嫌弃的意思，那正说明他对你的产品完全不感兴趣，绝对不会将时间和金钱花费在你身上。

就像美国推销大师汤姆·霍普金斯说的那样："一旦遇到批评，成功的销售员会意识到，他已经挖到金矿了。当他开始听取客户的批评时，他就已经开始挖金子了。只有在得不到任何批评时，他才会真正感到担忧，因为不嫌弃产品的客户，一般不会认真考虑购买。"

在端正了对嫌货人的态度后，接下来，销售员要做的，就是将这些嫌货人变成买货人。要做到这一点，关键是要处理好客户对产品提出的批评意见。

首先，销售员切忌与客户发生争吵。

有些销售员一听到客户嫌弃自己的产品，就觉得他们是在故意找茬，马上出言不逊，跟客户吵起来。这种做法是非常不可取的。要知道，当双方意见不同时，越是争吵，就越是无法达成一致意见。而且一旦销售员跟客户发生争吵，双方撕破脸皮，客户必然会彻底打消购买念头，哪怕他原本非常想买这件产品。

身为销售员，要懂得从客户的角度出发考虑问题。没有客户愿意被销售员生硬地顶撞，甚至成为销售员咒骂的对象。在这方面，富兰克林有句话可供销售员借鉴："当我不赞同另一个人的观点时，我不会直接顶撞他，也不会马上指出他哪里不对。"那么，在面对客户的批评时，销售员到底要怎样做才是恰当的呢？

第一，可以直接反驳。

有时候，客户对产品的批评根本是失实的。因为大部分客户不是专业人士，他们利用自己掌握的资料，对产品做出的判断，在某些情况下是完全错误的，会直接损害企业的形象。如果真是这样的话，销售员可以直接予以反驳。

例如，客户说："你们的产品返修率太高了。"但实际情况并非如此，客户只是将两种不同品牌的产品混淆了。面对这种情况，销售员必须马上对客户的观点做出纠正，具体可引用详细的统计数据，并主动向客户提供有力的售后保障。在措辞方面，要表现得充满自信、不卑不亢、诚挚恳切，但一定不能生硬、无礼。

第二，可以试着将客户的不满意转化成满意。

要记住，嫌弃产品的客户，暗地里已经看中了产品。产品整体上让他们很满意，虽有一些小细节不能使他们完全满意，但不会对他们的购买决定造成太大影响。因此，销售员可以换一个角度来劝说客户，让他们忽视这些不够满意的小细节，最好是能将这些不满意转化成满意。

举个例子，一位想购买笔记本电脑的客户向销售员抱怨，某款产品体积太小，看上去不够大气。销售员可以这样跟他说："您说得没错，这款笔记本的确小巧玲珑，正因为这样，它的重量很轻，很方便携带。您的工作决定了您每天都要将电脑随身携带，太大、太重的电脑会给您带来很多不便，这款小巧的机型则正好适合您。"

第三，可以直接忽视客户的批评。

有时候，客户对产品的批评其实是违心的。他们这样做，只是想从气势上压倒销售员，从而得到更多的优惠。面对这样的批评，销售员可以选择直接忽视，例如笑着点点头，对客户说一句"您真喜欢开玩笑"，然后转移话题即可。

别放过"随便看看"的顾客

———————— • ————————

销售员在工作过程中，经常会遇上一些说自己只是随便看看的顾客。很多销售员因此相信，这些顾客真是来随便看看的，轻而易举地放走了他们。实际上，有些顾客嘴上说只想随便看看，心里却已经有了购买的打算。这时，如果销售员能够对其足够的重视，很有可能会促成交易。那么，销售员究竟要怎样做，才能说服这类顾客购买自己的商品呢？

首先，当顾客说自己只是"随便看看"时，销售员要知道该说什么样的话，作为应对。

很多销售员都会说："那好，您随便看看吧。"这种消极的应对方式会给顾客消极的心理暗示：随便看看，看完就请离开。销售员一开始就以这样的态度应对顾客，之后要想再次接近顾客，与之进行深入沟通，是非常困难的。

一名优秀的销售员要能设身处地了解顾客的心理，积极回应并引导顾客。要知道，表示自己只是随便看看的顾客，通常都对销售员有着很强的戒备心理，他们不想跟销售员多做沟通，不想掉进销售员的陷阱。因此，销售员首先要努力消除顾客的这种戒备心理，积极将销售向成功的方向推进。

具体来说，销售员可以有两种回应的方法。

第一种，销售员可以对顾客说："您现在买不买都没关系，您可以先了解一下我们的产品，等您以后有需要的时候再来找我。来，我先为您介绍一下我们的产品……我想请问一下，您喜欢什么颜色？"

销售员先顺着顾客的心意，用轻松的语气缓解顾客的心理压力，然后再向顾客介绍自己产品的特点，最后向顾客提问，引导顾客回答。在这样的情况下，只要顾客愿意接话，销售员就能继续发问，将销售进程向前推进。

第二种，销售员可以对顾客说："您说得对，买东西是要多看看才行！不过，我真的很想向您介绍一下我们的一款新产品，不知道您介不介意？"

销售员首先认同顾客的意见，消除顾客的戒备心理，然后向顾客介绍一款新产品。这时，只要顾客愿意听你的介绍，你便有机会对其购买行为做出引导。

听完销售员的介绍后，有些顾客会一言不发，转身离开。面对这样的情况，很多销售员会直接放弃，甚至对顾客出言谩骂，这些都是不可取的。

好的做法是对顾客说："请您留步。真是不好意思，我想请问您，是不是我向您推荐的这几款产品，您都不喜欢？您不妨直接告诉我，我可以再向您推荐别的产品。如果是我的服务让您不满意的话，您也可以直接提出来，我马上改进。"

或是这样对顾客说："请您留步，真抱歉，一定是我刚才的介绍不到位，让您觉得没兴趣。不过，我的确是真心想帮您找一款真正适合您的产品。不如这样吧，请您直接把您的要求告诉我，我重新向您推荐。"

销售员要记住，当销售不成功，顾客不满意时，一定要先从自身找原因，即便真正的原因并不在你。另外，销售员对顾客一定要客气、尊重，这样才能跟顾客维持良好的关系，让顾客主动配合你。

有些顾客在了解了产品的性能以后，对产品产生了浓厚的兴趣，却以自己只是想随便看看，没有购买意向为由，表示要离开。实际上，他们只是想多逛逛，多比较一下。在这样的情况下，销售员要懂得如何留住顾客。

有的销售员会对顾客说："您还犹豫什么呢？这款产品真的很适合您！"这种说法太过强势，很容易招致顾客的反感，使交易功亏一篑。

有的销售员会无言以对，马上开始收拾东西。这样做就等同于下了逐客令，顾客只能马上离开。

以上两种做法都不可行，要想促成这笔交易，销售员应该这样对顾客说："您有这种想法，我完全可以理解，毕竟不管买什么东西，都应该谨慎一些，这样买回家去才不会后悔。不如我再介绍几款产品给您，您多比较一下。"

销售员这样说，首先对顾客的心理表示认同，然后以此为依据，顺理成章地再向顾客介绍其他几款产品。这样可以有效延长顾客在店内的停留时间，了解顾客真正的需求和顾虑，提升交易成功的概率。

避免歧视任何一位顾客

很多人都有以貌取人的坏习惯，销售员也不例外。有些销售员在工作中，会因为顾客衣着寒酸、身形肥胖、言行粗俗，或是其他原因，打心眼里看不起顾客，并在自己的言谈举止中或多或少地流露出这种看法。一旦顾客察觉到这一点，便很难再对其产生好感与信任。这样一来，这笔交易势必会泡汤。因此，要想成为一名成功的销售员，一定要避免歧视任何一位顾客。

大多数情况下，销售员歧视顾客，都是因为顾客打扮寒酸。电影《风月俏佳人》中有这样一个桥段：女主角薇薇安一身不良打扮，到一家高档商店买东西，结果遭到了店员的耻笑。然而，数日过后，店员们却惊讶地发现，薇薇安居然是富翁爱德华·刘易斯的女朋友。

这个情节虽然充满了传奇色彩，但对销售员来说，却很有借鉴价值。面对一个完全陌生的顾客，仅仅通过外表来判断他的身份，是很不明智的。衣着平庸的顾客，不一定没有购买意向和强大的购买力；反之，衣冠楚楚的顾客，也不一定有购买的想法和实力。销售员若不想错失任何一位潜在顾客，就应对所有顾客都尊重有加。

有些销售员自诩看人很准。的确，他们眼中那些没有购买实力的顾客，也许绝大多数都只是随便看看。但是，他们对这类顾客态度冷漠，甚至出言讥讽，不仅损害了这类顾客的自尊心，也给其他顾客留下了恶劣的印象。很少有顾客愿意从一个"嫌贫爱富"、丝毫不懂得尊重别人的销售员那里购买商品。如此一来，销售员便在无形中赶走了很多潜在顾客，损失惨重。

有时候，销售员歧视顾客，并非因为顾客的购买实力不足，而是其他原因。这种做法就更不可取了，等同于直接赶走了顾客。

举个例子，不少身形较胖的顾客都曾有过这样的经历：你在服装店里挑选衣服，销售员表面是在热情地招待你，称赞你试穿的这件衣服很适合你，但其眉梢眼角间却不时流露出轻蔑，让你觉得很不舒服。

美国内华达州有一位名叫南茜的女士，她也曾有过类似的经历。为此，她专门针对跟自己一样体形肥胖的女士，开了一家服装店，名为"被遗忘的女人"。这家服装店开业之后，生意好得出奇，原因很简单，因为所有顾客都能在这里得到充分的尊重。

南茜明白，没有哪一位女性顾客愿意对销售员说出自己要穿大码或特大码，她们也不愿意从销售员口中听到这样的词语。因此，南茜便决定用人名来指代衣服的尺码：小码用"玛丽"来指代，中码用"林思"来指代，大码用"伊丽莎白"来指代，特大码用"格瑞斯特"来指代。这样一来，当穿大码或特大码的顾客来买衣服时，只要说自己穿"伊丽莎白"或"格瑞斯特"号就可以了。这种做法看似微不足道,却有效保护了顾客的自尊心。

与此同时,为了尽可能地避免销售员歧视顾客,南茜还特意招聘了一批身形肥胖的销售员。因为大家都很胖,顾客便不用担心会被销售员歧视了。

南茜的这一系列做法,很值得销售员们借鉴。

跟客户的传话人搞好关系

————————— ● —————————

销售员在上门拜访客户之前，有必要先给客户打个电话，确定拜访的时间。如若不然，客户正好有事出去了，销售员便只能浪费时间，白跑一趟。

销售员用电话跟客户联络，难免要遭到客户传话人的盘问。这些传话人主要有前台、秘书、助理等，他们会帮助客户过滤电话。据统计，在销售员打给客户的 20 个电话中，至少有 10 个都被客户的传话人过滤掉了。如何使自己的电话不被过滤掉，成了摆在销售员面前的一道难题。要想解决这个难题，销售员很有必要跟客户的传话人搞好关系。这需要运用很多技巧，具体来说，可总结为以下几种。

第一，事先查清楚客户的姓名和相关资料。

很多销售员在打电话之前，连客户的姓名都搞不清楚。当传话人询问他们要找谁时，他们只能笼统地说要找某个部门的经理，这样的答案显然不足以取信于传话人。这种电话有很大概率会被过滤掉。

最好的方法是事先查清楚客户的基本资料，一旦传话人问起，马上用一种熟络的口吻说起客户的姓名。这会给传话人留下这样的印象：你跟他的顶头上司很熟。如此一来，传话人自然不敢轻易挂断你的电话。

如果可能的话，销售员可以事先将传话人的姓名一并查清楚。这样在打电话时，便可以直接说："您好，请问您是某助理吗？我是某某某，想找你们某总。"因为传话人在公司中的职位并不高，很少有外人知道他们的姓名。面对能直接说出他们姓名的销售员，他们往往会感到很欣喜，双方的距离一下子就会缩短许多。

第二，说话要直接、简练。

销售员在跟传话人通话时，一定要讲求效率，简单的寒暄过后，马上进入主题。千万不要反复絮叨，让传话人搞不清你的目的是什么，最终因不耐烦挂断电话。

有些销售员销售的产品或服务专业化程度较高，外行人很难了解。这些销售员在跟传话人通话时，不宜在产品介绍上浪费太多时间，因为这种介绍就等同于"对牛弹琴"。

销售员首先要简明扼要地说明自己打电话的目的，然后恳请传话人让内行的负责人来接电话。注意在这个过程中，不要表现出对传话人的轻视。若是传话人对你的产品介绍感兴趣，你一定不要拒绝他，要尽可能用通俗的语言满足他的要求。

第三，讲话态度要严肃、认真。

要想得到传话人的尊重，首先你要尊重传话人，在与其通话时，态度一定要严肃、认真，切忌三心二意、情绪低落，或是嬉皮笑脸。

第四，要适当地在传话人面前表现出强势。

有句俗语叫"阎王好见，小鬼难缠"。有时候，传话人比真正的拍板人要难缠得多，他们不停地顾左右而言他，就是不给你机会跟他们的顶头上司直接对话。在这样的情况下，销售员一定不能胆怯，要适当表现出强势，给传话人压力。

例如，你可以直接提出要求："麻烦您让某经理来跟我聊几句好吗？谢谢您！"若是传话人拒绝了你，你千万不能气馁，要继续向他提要求，直到他答应为止。

有些传话人喜欢欺软怕硬：你越是退让，他们越是表现得盛气凌人；当你表现得强势时，他们反而没了脾气。当然，强势也要注意尺度，要不卑不亢，而不是高高在上。

在此，销售员要注意一点：不要给传话人太多提问的机会。言多必失，一旦你某个问题回答得有欠妥当，便等于给传话人制造了一个挂断电话的机会。

给客户送礼物

————— • —————

人人都喜欢收礼物，无论礼物的价值是大是小，都能让人感到快乐。正因为这样，给客户送礼物，现在已经成了很多企业与客户维系情感的好方法。当然，送礼物也是要讲究技巧的。

第一，礼物的价值不必太大。

你可以给你的客户送昂贵的礼物，但在大多数情况下，根本没必要那样做。简单的卡片、水果、糖等，已足以让客户了解你的心意。

第二，尽量选择有特色的礼物。

有特色的礼物能让客户印象深刻，长久保存。为此，你要多费点心思，认真挑选礼物。另外，你也可以专门定制，并在礼物上打上自己公司的标识。需要注意的是，标识不宜打在太显眼的地方，以免引起客户的反感。

举个例子，如果你想送件 T 恤衫给客户，为了让客户记住你的公司名称，你便在 T 恤衫上打上了一个醒目的品牌标识。这样的 T 恤衫，绝大多数客户都会随手丢在一旁，绝对不会穿出门去。

第三，选择美食作为送给客户的礼物。

美食能有效拉近人与人之间的关系。给客户送一些美食，你们之间的距离会一下子缩短很多。最佳选择莫过于甜点，如蛋糕、饼干、蛋挞等。

试想一下，一个昏昏欲睡的下午，你忽然带着一盒精美的蛋糕出现在客户面前。客户欢迎你还来不及，又怎会将你拒之门外？

第四，选择特殊的日子为客户送礼物。

为客户送礼物，可以不必拘泥于节日或是其他特殊的日子，但是选择在某些特殊的日子为客户送礼物，的确能收到更好的效果。

圣诞、元旦、春节、客户的生日等，都是不错的选择。在这样的日子里，用礼物向客户表达你的祝福，能为客户留下更为深刻的印象，使客户对你的好感倍增。

在送礼物的同时，最好能附赠一张贺卡，写上对客户的祝福语。祝福语要写得诚挚、自然，不要用官方口吻说一些套话，这样会让客户觉得你很没有诚意。

推销大师乔·吉拉德每个月都会给自己的客户送一张贺卡，但他从来不在贺卡上写上诸如"请您购买我的汽车"这样的话，他会根据不同月份的不同节日，选择相应的祝福语。例如，2月他会祝客户情人节快乐，12月他会祝客户圣诞节快乐。这种没有明言的行销，反而给客户留下了最深刻、最美好的印象。当客户准备购买汽车时，头一个想到的往往就是乔·吉拉德。

第五，客户购买产品时，将礼物作为赠品赠送给他们。

所有人都喜欢在购买产品的同时收到赠品，再微不足道的赠品都能令他们感受到意外之喜。因此，如果你能在所有产品中都设置一个或几个小赠品，那你的绝大多数客户都会记得你，并喜欢上你。

第六，去外地时，买一些纪念品作为礼物送给客户。

纪念品不必买太贵的，你只需要买一个别致的小玩意儿，并附上一张卡片，写上："这份小礼物是我特意从某地带回来送给您的，希望您能喜欢。"

正所谓："千里送鹅毛，礼轻情意重。"收到这样的礼物，绝大部分客户都会感到很吃惊，同时也很感动。他们会觉得你无时无刻不在惦记着他们，简直已经把他们当成了朋友。如此一来，你与客户之间的感情必定会有质的飞跃。

选择合适的时间段拜访客户

————————— • —————————

销售员在拜访客户时，务必选择合适的时间段。毕竟，人在不同的时间段，精神状态和工作安排会有所不同。作为销售员，必须根据客户的实际情况，确定拜访时间。

一般来说，上午 9 点—11 点是拜访客户的最佳时机。这段时间，大多数客户都会留在公司。因为刚刚上班，他们的心情还没有被工作琐事破坏，再加上很少有销售员会这么早去拜访他们，所以他们往往会对在这时找上门的销售员保持良好的态度。

最重要的是，这段时间是人一天之中精神状态最好的时候，无论是注意力还是记忆力都维持在最佳状态，并且有着强烈的求知欲。销售员如果选在这时跟客户会面，很容易实现高效沟通，交易成交的概率也会比较高。

上午 11∶30—13∶30 是午饭时间，销售员不宜在这时上门拜访客户，以免耽误客户吃饭。当然，如果你想请客户吃饭，建立亲密的关系，就另当别论了。

下午 2 点—3 点，也是拜访客户的好时候。这段时间，客户往往已将一天之中最重要的工作完成了，进入了一个比较清闲的阶段，而且因为已经工作了较长的一段时间，他们会觉得有些疲倦，对工作的热情降低，想找点别的事情做。销售员在这时上门拜访，正好给他们创造了一个名正言顺的放松机会。

不过，需要注意的是，这段时间是人的脑力高峰期，大脑的活动尤其旺盛，很容易找出对方言语中的破绽，对其百般挑剔。销售员如果选择在这时上门拜访客户，一定要事先把要说的话想清楚，厘清逻辑，以免到时出现前言不搭后语的状况，给客户留下不好的印象。

下午 4 点—6 点，不适宜拜访客户。因为这段时间客户眼看就要下班了，他们想得更多的是下班之后的安排，根本没心情应付你。如果你在这时找上门去，客户通常会直截了当地拒绝你。就算他们真的坐下来跟你谈话，精力也不会太集中，最后还是会三言两语打发你走。

另外，如果你想邀请客户一起吃晚饭的话，最好在客户下班前半个小时抵达客户的办公室。

晚上 8 点—10 点，同样是拜访客户的好时机。这时候，客户已经吃完了晚饭，但距离上床休息还早。他们思维活跃，精神状态很好，而且比较空闲。若你选择在这时上门拜访，效果通常会比较好。但是一定要谨记，千万不要将拜访的时间拖得太长，影响客户休息。

当然，上面说的都是一般情况。在实际工作中，销售员还是要具体问题具体分析，对特殊的客户，一定要做出特殊的安排。例如，对于一些晚间工作的客户，像娱乐场所工作人员、餐饮行业工作人员、作家等，就不能选择晚上去拜访他们。

除此之外，销售员还要注意，周一以及节假日结束后的第一天上班时间，是不适合上门拜访的。因为客户刚刚休完假，重新投入工作中，一来情绪会比较低落，二来事务繁多，很难厘清头绪。销售员如果在这时上门，无疑会让客户烦上加烦，结果可想而知。另外，月末和年末也不是上门拜访的好时机。这段时期，各家公司都非常忙乱，根本无暇接待上门拜访的销售员。

总而言之，每个客户都有自己的时间表，销售员要根据客户的时间表安排拜访的时间，而不是让客户更改时间表迁就自己。

选在自己熟悉的地方跟客户谈生意

———————— • ————————

　　销售员要想提高交易成交的概率，有一个很有效的方法，就是选在自己熟悉的地方跟客户谈生意。这跟体育赛事的主场优势道理类似。

　　所有体育项目都存在主场优势，在欧洲三大联赛英超、西甲和意甲中，主队获胜的概率都在 65% 左右。NBA 的主场优势更加明显，在 NBA 的历史上，有 98.6% 的球队主场战绩优于客场。在行销领域同样如此，销售员选在自己的地盘跟客户谈生意，成功的概率会比在客户的地盘谈生意大得多。

　　一名优秀的销售员要懂得充分利用主场优势，更要懂得创造主场优势，即主动邀请客户到自己熟悉的地方洽谈业务。有的销售员为了取悦客户，在会谈地点的选择上，一味遵从客户的意见，这是很不可取的。好的销售员要知道如何引导、控制客户，而不是被客户牵着鼻子走。

　　在提议客户到自己熟悉的地方谈生意之前，销售员一定要先考虑好客户的时间安排、交通状况、个人偏好等各方面的问题，在自己的地盘中选择一个最适合客户，并能向客户提供最大便利的地方，作为会谈场所。

等到真正向客户提出要求时，销售员务必针对客户的性格特点，选择合适的措辞。有的客户对新事物充满好奇，很愿意做新的尝试。面对这样的客户，你只需要向其描述一下，你选择的这个地点有什么特别之处，便能很容易说服其答应下来。不过，也有一些客户，他们很不愿意尝试新事物。要说服这样的客户，你便要找出你选择的这个地方跟他们经常去的地方有什么共同之处。通过对这些共同之处的描述，消除他们对陌生事物的抗拒感。

在跟客户约好时间、地点之后，销售员有必要亲临会谈现场，做出具体安排。一般来说，销售员跟客户谈生意，都会选在餐饮机构。因为是自己熟悉的餐饮机构，所以一切尽在你的掌控之中。你可以事先预订好座位，并跟店内的工作人员打好招呼。

在座位的选择上，可以根据具体需求，如客户的人数等做出相应的安排。如有必要，还可以请求店主从旁协助，为你保留最理想的位置。

在服务人员的选择上，你也可以跟店主事先协商好，让态度最好的服务人员来为你服务。另外，你还可以提醒这些服务人员在适当的时候出现，并附和你的话语。对客户而言，这些服务人员提出的意见是完全客观的，如果他们对你的观点表示赞同，会直接影响到客户对你的判断。

在饮食的选择上，作为东道主的你，也有更多的发言权。你要事先对客户的饮食喜好和忌讳有所了解，到时候便可以据此向他们推荐合适的饮料和食品。尽管这种推荐跟你推销的产品或服务并无关联，但是同样能提升客户对你的认同感，让他们觉得你非常专业。

除此之外，你还可以适当安排一些熟人，在你跟客户会谈的过程中出现，跟你打招呼。这会让客户感觉你更加可信、友善，对你的态度也会更亲近。

请客户吃饭并不是谈生意的好办法

————————— • —————————

很多销售员习惯于请客户吃饭，在吃饭的过程中谈生意，他们觉得这样更能说服客户跟自己合作。实际上，请客户吃饭并不是谈生意的好办法，这不仅浪费了大量的时间和金钱，最终成功的概率也不高。

研究表明，在吃饭的过程中，人的注意力有 80% 以上都集中在食物上面。销售员如果在这时跟客户谈起生意上的事，只能得到几句漫不经心的敷衍。等到客户吃完饭后再说，效果同样好不到哪里去。因为这时候，客户的身体正忙于消化刚刚吃下去的食物，根本匀不出多少精力听你讲话。

通常来说，请客户吃饭至少需要两个小时，再加上事先挑选餐厅、确定菜单的时间，事后送别客户的时间，耗费这么多时间，最终的结果却往往一无所获，这还没有算上不菲的餐费开支。有头脑的销售员，不应该做出这样的蠢事。

有经验的销售员，一般会选在咖啡厅或饮料店跟客户会谈。这样的场所，环境通常比较幽静，还有柔和的背景音乐，能使人情绪放松。没有了食物的干扰，只要两杯饮料，就能洽谈很长一段时间，既提高了谈话的效率，又节省了成本开支，何乐而不为？

不过，在很多情况下，销售员还是免不了要请客户吃饭，当然吃饭的主要目的是联络感情，而非谈生意。在具体操作的过程中，销售员要掌握很多技巧。

首先是邀请客人的技巧。

如果只是邀请一个客人，为了显示你的诚意，你不妨请他带自己的家人一起来，这样更方便联络感情。

一定要提前一段时间通知客户，避免让客户觉得你邀请他只是一时兴起，没有多少诚意。

另外，一定要避免把彼此不和的客户请到一张桌上，以免惹恼客户，让他们觉得你是故意为之。

然后是选择餐厅和菜单的技巧。

务必事先了解一下客户对饮食的喜好和忌讳，尽量按照客户的偏好选择餐厅和菜单。要注意，你只是陪客，你喜欢吃什么，不喜欢吃什么，并不重要。

最好能多了解几家比较好的餐厅，从中做出最恰当的选择。

最好能事先做出预算，千万别等买单时尴尬。

若是宴请非常重要的客户，最好能事先看一看菜单，做到心中有数，以免到时出现什么状况。

在吃饭时，穿着可以不那么正式，以免让客户觉得你邀请他们吃饭，纯粹是为了谈工作。

同样的，在吃饭的过程中，也尽量不要谈起公事，要给客户营造一种轻松、愉快的氛围。

如果在吃饭时接到电话，切记不要说自己正在跟客户吃饭，要说正在跟朋友吃饭。仅仅是一个称呼的区别，却能对整个用餐氛围产生迥然不同的影响。

当然，用餐时间不宜谈工作，并不意味着一点工作都不能谈。你可以花两个小时跟客户吃饭、联络感情，在其中穿插五分钟跟客户谈生意。谈得少，反而能给客户留下较深的印象。这样做的效果，比你在两小时中一直低效率地谈工作要好得多。

在下雨天拜访客户效果更好

————————— • —————————

大多数销售员都喜欢在晴天拜访客户，因为晴天交通方便，人心情畅快，工作热情也高。到了下雨天，因为出行不便，销售员们更喜欢待在公司里，做其他的工作。实际上，这是一种认识的误区，晴天并非拜访客户的好时机，选择在下雨天拜访客户，效果会更好。

试想一下，如果你是客户，在阳光明媚的大晴天，只要有可能的话，你一定愿意出去走走，而不是困守在室内。因此，你会尽量将需要外出的工作都安排在这样的日子完成，这也就意味着你待在公司的概率会降低。如此一来，上门造访的销售员便很有可能会扑个空。

这样设身处地想一想，销售员便能明白：为什么在大晴天拜访客户时，很多客户都不在公司，即便在，也是心不在焉，恨不能三言两语打发你走。毕竟，这样的好天气，浪费在一个萍水相逢的销售员身上，实在很不划算。

但下雨天就是截然不同的另外一种景象了。在这样的天气里，很多客户都是能不出门就不出门，这样你上门扑空的概率便会小得多。另外，在下雨天，上门拜访的人也会相应地少很多，这样客户便有更多的时间和精力来招呼你。

天气不好，大部分人的心情都会受到影响，变得情绪低落，烦闷不堪，很想找个倾诉对象。销售员若在这样的情况下找上门去，非但不会被拒之门外，反而会受到欢迎。即便是原本很不喜欢跟销售员打交道的客户，在这样的天气里，也有可能会对销售员表现出少有的热情。所以销售员如果有难以打开心理防范的潜在客户，不妨选在下雨天去拜访他们，成功的概率会高很多。

与此同时，销售员也应做好心理准备，在下雨天跟客户谈生意，可能会有大半时间都花在了谈心事上。不过，只要跟客户建立起感情，以后再谈生意自然会方便很多。

在下雨天拜访客户还有一个好处，就是能在客户面前树立一种敬业、负责的形象，赢得客户的好感。冒雨拜访客户，很少有销售员能做得到。客户见到这样与众不同的销售员，会很自然地被其精神打动，留下良好的第一印象。这样，销售员再跟客户谈生意时，便会顺利得多。

因此，销售员千万不要被下雨天挡住自己前进的脚步，越是下雨天，越不能困在办公室里，越是要多出去拜访客户。不过，雨天路滑，出门时一定要注意安全。要事先准备好雨具，并注意保暖。最好能在事后喝一杯姜茶，预防感冒。毕竟身体是工作的本钱，千万不能疏忽大意。另外，在进入客户的办公室之前，要注意收好自己的雨具，清洁一下自己的鞋子，别将雨水和污泥带到客户的办公室。

为每一位客户做出准确定位

———————— · ————————

销售员在工作过程中，要对客户的购买意向、购买能力等有深入了解，进而对其做出准确定位，这样才能确定谁才是自己真正的潜在客户，在具体操作时才能分清主次，针对重点客户进行重点行销，从而有效提升自己的工作业绩。

要想对客户做出准确定位，具体来说，要从三个方面入手。

第一是客户的预算状况，也就是客户到底有没有钱，有多少钱来购买你的产品或服务。

这个问题在一开始就要搞清楚，千万别等谈了很多天以后，才发现客户根本没钱跟你做交易，那你付出这么多天的时间和精力，便等于白费了。

不少销售员会觉得，一上来就询问客户有没有钱，有多少钱，会让客户觉得自己势利眼，对自己的印象也会打折扣。可是如果不问清楚，就要承担浪费时间和精力的风险，与其这样，不如一上来就弄个一清二楚。当然，在询问的过程中一定要讲究技巧，尽量别让客户觉得你嫌贫爱富。

例如，你可以这样问："您打算买什么价位的产品？麻烦您告诉我，我可以向您推荐一下。"你也可以这样问："同类型的产品，我们有几种。为了帮您实现最高的性价比，我首先要请问一下，您打算投入多少成本来购买我们的产品？"

第二是客户的真正需求，也就是客户是不是真的想从你这里购买产品或服务。

现在的市场是买方市场，购买同一种产品，客户可以有很多种选择，可以在网上购买，可以在商场购买，也可以在专卖店购买。因此，作为销售员的你，一定不能太乐观，不要以为客户来向你询问有关产品的信息，就必定会选择在你这里购买。实际上，很多客户来看你的产品，只是因为他们想在购买前货比三家。

面对这样的客户，你必须懂得察言观色。通常不打算在你这里购买产品的客户，都会表现得躲躲闪闪，不愿跟你正面接触。你大可不必花费太多精力来招呼他们。

第三是客户的决策能力，也就是客户是不是真正的拍板人。

你要跟真正有决策权的人谈生意，不要在一些"小角色"身上浪费时间。为此，你要先搞清楚站在你面前的客户有没有这样的权力。如果没有，你不妨直接要求跟主要负责人会谈。就算遭到对方的拒绝，你也不要轻易放弃，一定要坚持到底。如有必要的话，你可以提醒对方，此次会谈关系到其切身利益，你必须与其负责人当面商谈。

了解了上述三点，你便能对每位客户做出准确定位。不过，这种定位并不是一成不变的，要知道世事无常，今天有购买能力的人，明天不一定还有。因此，你要不厌其烦地在每一次会谈中为客户重新定位。例如，你可以说："我想确认一下，您现在还是要购买某产品，对吗？"

　　在这个过程中，你可能会遇到一些很想购买，但忽然之间失去购买实力，或现阶段还没有购买实力的客户。你不要轻易放弃这些客户，因为他们将来有可能获得足够的资金来跟你合作。最好的方法是建立一个系统，将这样的客户纳入这个系统中，统一管理。每隔一段时间，你要跟他们联系一次，看看他们是否已经拥有了充足的资金。如果是的话，你就要提醒他们购买你的产品。

从客户感兴趣的话题入手

————————— • —————————

在交谈的过程中，所有人都愿意谈论自己感兴趣的话题。在跟客户会谈时，销售员若能从客户感兴趣的话题入手，便能很快拉近双方的距离，建立良好的关系。做到了这一点，再想说服客户购买自己产品或服务，就会变得容易得多。

西方国家很多总统候选人在竞选期间，都会借助媒体塑造一种好父亲、好丈夫的形象，避免让公众觉得他们高高在上，毫不亲民。由此可见，一个人若想获得别人的信任与认同，有一个很好的途径，就是成为别人眼中的"同类"。

心理学家的研究表明：你越能让对方觉得你是他的同类，你们便能越快建立感情。人在与其他人相处的过程中，喜欢寻找彼此之间的共同点。共同点越多，证明这个人是自己同类的概率就越大。绝大多数人都愿意跟自己的同类相处，因为这样交流起来比较和谐，很容易达成一致的意见，很少会产生矛盾。

聪明的销售员会将这个研究成果应用到行销工作中，努力成为客户眼中的"同类"。要做到这一点，最好的方法莫过于跟客户谈论他们感兴趣的话题。

有些销售员不喜欢在客户面前说与销售无关的话题，认为这是在浪费自己和客户的时间。这样的销售员固然敬业，却未必能达到行销的目的。

在跟客户会谈的过程中，介绍自己的产品或服务当然是最重要的，但在此之前，若能谈论一些客户感兴趣的话题，与客户建立感情，甚至结交为朋友，也是相当有必要的。为此，销售员事先一定要多花些时间和精力，去了解客户的喜好。

了解客户的喜好，主要有两种途径：一是从客户身边的同事和朋友那里打听，二是自己上网查询。在向客户身边的人打听时，要尽量做到不着痕迹，不要让人觉得你是在刻意打探客户的喜好，以便到时讨好客户。当然，你也可以上网查询。现在网络这么发达，绝大多数客户都拥有自己的微博、短视频账号等，你只要仔细浏览一下，就能从中找出他们的喜好。

接下来，你便可以根据自己的查询结果，做出相应的准备。如果客户对足球感兴趣，偏巧你又是个球迷，当然再好不过了。但如果你刚好对足球一窍不通，那你就要好好了解一下有关足球的知识和最新消息了。若是你身边也有一个球迷，那你不妨先跟他交流交流，做做练习，并让他为你提供一些意见。

需要注意的是，在跟客户谈论其感兴趣的话题时，尽量不要提出与其相左的意见。例如，客户是荷兰队的球迷，你却偏要说德国队比荷兰队优秀得多，这样的举动显然非常愚蠢。你要明白，你是在迎合客户的喜好，而不是与客户一争高下。

另外，你还要做好准备：有时候，客户受某种因素的影响，正好不想谈论自己感兴趣的某个话题。这时，你要懂得察言观色，及时转换话题。

当客户不想谈论某个话题时，他们往往会表现得心不在焉。你要想确定他们是否对你现在所说的话题感兴趣，不妨沉默片刻。若对方要过一会儿才反应过来，显然他刚才并没有认真听你讲话。在这样的情况下，转换话题势在必行。当然，这要求你事先对客户多一些了解，多准备几个话题。

在某些情况下，客户还会一时兴起，说起一个全新的话题，而你对此完全没有了解，也没有准备。这时，你不必慌张，只需做一个认真的聆听者，在适当的时候表示认同就行了。这样做同样能给客户留下一种印象：他感兴趣的话题，你也感兴趣，你是他的同类。

学会做客户的倾听者

————————●————————

很多销售员习惯于在客户面前扮演说话者的角色，殊不知对行销而言，善听比善言更重要。要想成为一名优秀的销售员，必须先学会做客户的倾听者。

对销售员来说，能否在客户面前做一名合格的倾听者，将直接关系到销售的成与败。有些销售员之所以无法说服客户购买自己的产品，就是因为没有留神倾听客户的话，抓不住客户的心理。

初次跟客户见面时，销售员尤其要多听。因为只有多听，才能了解客户，确定客户是否有意向、有能力跟自己合作。当然，第一次见面，客户对销售员肯定会有比较强烈的戒备心理。销售员在扮演好倾听者的角色前，先要扮演好提问者的角色，向客户提出相关的问题，引导其做出解答，这样才能有的听。

销售员在对客户有了比较全面的了解之后，才能进一步展开行销工作。要知道，行销不是一蹴而就的，它是一个过程。这个过程又可分为几个阶段，客户在不同的阶段，会产生不同的疑问。这些疑问涉及产品的性能、款式、颜色、价格、付款方式等方面。如果销售员不能耐心做客户的倾听者，了解客户的疑问，自然也就无法抓住客户的心理，说服他跟自己合作。

因此，在行销的每个阶段，销售员都要给客户留出充足的提问时间，并从客户的疑问中找出其最重视的方面，进行有针对性的行销。举个例子，如果客户就价格一事反复向你提问，显然他对价格非常看重。作为销售员的你，就应该尝试从价格方面入手，尽量给客户开出最理想的价格，以促成这笔交易。

除了产品以外，客户有时还会谈起其他话题。销售员千万不要因为这些话题跟自己的业务无关，就不用心倾听。实际上，这些闲谈之中往往隐藏着客户不少的个人信息，你若能用心倾听，便能更好地了解客户。更重要的是，客户愿意跟你聊别的话题，证明他对你的戒备心理已经没有那么强了。在这样的情况下，你若能对他的话题表现出极大的兴趣，适时给出回应，必能给他留下良好的印象。

不过，倾听客户不代表被客户牵着鼻子走。一名优秀的销售员，必须牢牢掌握会谈的主动权，不要任由客户天马行空，说个不停，一定要懂得在适当的时刻，将话题拉回到自己推销的产品上。这是一项非常讲求技巧的工作：要记住，当客户说到兴头上时，一定不要中途打断他。如若不然，客户说得不尽兴，很有可能会对你心生不满。最好在客户结束了一个话题，或是结束了话题的一部分，稍做停顿时，再将谈话的重点拉回到产品那里。

多赞美客户

想得到别人的赞美，是人类的一种天性，但现实中却很少有人去赞美，大多数人更习惯于将对别人的欣赏摆在自己心里。这导致在我们的生活中，出现了很多"饥饿"的人，当然，这些人渴求的不是食物，而是别人的赞美与肯定。若销售员能对这一现状有所了解，在实际工作中让客户的这种需求得到满足，必能对提升自己的销售业绩有所帮助。

美国有一位心理学家名叫威廉·詹姆斯，他曾说过："渴望得到别人的肯定，是人类本质中最强烈的需求。"换言之，所有人都渴望别人赞美自己，肯定自己。哪怕是一句小小的赞美，也能给人带来莫大的欢乐。销售员在工作中遇到的客户自然也不例外。聪明的销售员会有效利用客户的这种心理，积极满足客户的需求，与客户建立良好的关系，推动交易取得成功。

不过，只是单纯地赞美客户还不够，一定要讲究技巧。不讲技巧的赞美，非但不能取悦客户，反而可能起到反效果。举个例子，很多售卖衣服的销售员一见到顾客上门，便称其为"美女""帅哥"。有些相貌平平，甚至称得上丑陋的顾客，不仅不会觉得高兴，相反还会觉得销售员这是在讽刺自己。这样的赞美无疑是失败的。

销售员赞美客户的技巧，总结起来，大致可分为三点。

第一点是要有针对性，即根据客户本身的特点，给予不同的赞美。

每个客户都有自己独特的优点，身为销售员，一定要努力将这种优点挖掘出来，予以肯定。不要像上面提到的例子一样，对每位客户都千篇一律地称呼为"美女""帅哥"。例如，有的客户虽然长相普通，但是谈吐优雅，你在赞美他时，便要将后者作为赞美的目标。

第二点是赞美的话语要与众不同。

要多花点心思，构思一些跟别人不一样的赞美话语。例如，同样是赞美一位容貌出众的女士，说她长得很漂亮，和说她跟某女星很像，效果显然很不一样。前面那句赞美，她可能已经听了无数遍，早已听到麻木了；后面那句赞美，她却很有可能是第一次听，并为此沾沾自喜。这便是与众不同的赞美带来的与众不同的效果。

第三点是不直接赞美客户，转而去赞美客户重视的人。

很多人都有这样的经验：听到别人赞美自己的孩子或伴侣，比听到别人赞美自己还要高兴。销售员在赞美客户时，也要注意利用这种技巧。这种转弯抹角的赞美，说到底还是在赞美客户，不过更加巧妙，更能取悦客户。

除此之外，销售员还要注意：赞美并不一定适用于所有客户。有的客户不喜欢跟销售员聊与工作无关的话题，更不喜欢销售员对自己评头论足，销售员的赞美在他们看来只是一种促进销售的手段，毫无诚意。在跟这样的客户打交道时，销售员便不必花心思去赞美对方，否则只能弄巧成拙。

清楚解答客户的每一个疑问

————————— • —————————

销售员在跟客户会谈的过程中，会遭遇客户提出的各种各样的疑问。有些销售员习惯于回避客户的疑问，这种做法是很不可取的。不要以为回避疑问，隐瞒客户，会对促进销售有帮助。实际情况刚好相反，销售员只有清楚地解答客户的每一个疑问，才能打消客户的所有疑虑，说服客户购买自己的产品。

在大部分销售会谈中，客户扮演的都是听众的角色。在这样的前提条件下，如果客户向销售员提出疑问，那就证明这个疑问对客户而言是相当重要的，他迫切需要销售员做出解答。销售员若在这时装聋作哑，百般逃避，会给客户一种很不真诚的感觉。一个不够真诚的销售员，自然很难赢得客户的信任，得到客户的订单。

销售员逃避客户的疑问，原因不外乎两种：一种是不愿回答，一种是不能回答。

销售员不愿回答的疑问，通常涉及产品的竞争劣势，最典型的莫过于价格问题。举个例子，一名推销牛仔裤的销售员，因自己售卖的牛仔裤比同类型产品价格高，遭到了消费者的质疑。如果这个销售员喜欢逃避问题，那他大可以转移话题，说些与此无关的话吸引消费者的注意力。但是，无论他做些什么，消费者的疑问既然存在了，便不会轻易消失。除非他能正视这个疑问，做出清楚的解答。

其实，要解答这个疑问并不困难，销售员只需给客户制造一种物有所值的感觉就行了。例如，销售员可以这样对客户说："您说得不错，这种牛仔裤的价格的确偏高，不过因为它是经典款式，就算您穿上几年都不会过时。这样算起来，它的价格其实是非常划算的。"

销售员不能回答的疑问，通常都是一些比较专业的问题，例如产品的技术含量，本行业的发展趋势等。销售员之所以无法对这些疑问做出解答，显然是因为事先的准备工作做得不够好。

称职的销售员一定要对自己的产品和所属行业有充分的认识，虽然不能跟专业的技术人员相比，至少不能在客户面前一问三不知。实际上，绝大多数客户提出的专业问题都不会太深奥，只要销售员预先做好功课，便不至于被问倒。不过，也不排除一些特殊情况。但即便如此，销售员也不应该逃避问题，一定要直面客户，利用一切可能的途径，尽力解答他们的疑问。例如，可以当场打电话向相关的专业人士求教。

总之，销售员务必让客户感受到自己为其释疑的诚意。只要做到了这一点，就算暂时不能给客户一个明确的解答，也能得到大部分客户的谅解。

要对客户讲诚信

————————•————————

诚信是做人的基本准则。对销售员来说，讲究诚信尤其重要。只有讲究诚信的销售员，才能赢得客户的信任，才能取得事业的进步，最终走向成功。

明清年间，山西商人即晋商成了中国实力最雄厚的商人。他们成功的秘诀就是诚信。晋商坚持以诚信为本，买卖公道，童叟无欺，成功赢得了百姓的信任，连梁启超都称赞晋商"诚实守信，委实令人钦佩"。

清朝年间，有晋商在包头开了一家很大的粮油商号，名叫复盛西。有一回，复盛西将一批胡麻油运往山西销售。经手这桩生意的伙计为了从中谋利，在油里掺入了劣质油。

复盛西的掌柜发现这件事后，当即命人将整批掺了假的胡麻油全都倒掉，重新换上了纯净的好油。在这件事上，这名晋商经济损失惨重，却成功保住了商号的信誉。

这名晋商就是清朝最出名的晋商——山西祁县的乔家人。著名电视剧《乔家大院》，讲述的就是乔家人的经商故事。

在商业社会中，最大的危险便是不讲诚信。不少销售员喜欢用欺骗的方式，让客户跟自己合作。这种方式短期内的确能给销售员带来好处，但从长远来看，却能毁掉一个销售员的前程。因为不讲诚信会损坏销售员的信誉乃至人格，使他们再也无法取信于客户。作为销售员，千万不能为了眼前利益，罔顾长远利益，做出对客户失信的事情来。

但是，销售员究竟怎样才能做到诚实守信呢？

第一，不要向客户隐瞒重要信息。

这一点主要是针对产品和服务介绍而言。销售员在向客户做介绍时，务必做到全面。凡是会对消费者造成影响的方面，都要事先告知消费者。因为这些方面是无法隐瞒到底的，一旦消费者开始使用产品或服务，很快便会发现。

第二，不要轻易向客户许诺。

自己没有能力做到的事，绝对不能许诺；自己有可能做到的事，也不宜对客户许诺，就算要跟客户说，也一定要给自己留有余地。

举个例子，如果你的发货日期为 7—10 天的话，你最好告诉客户，他的货能在 10 天左右送到。如果你向客户承诺，货在七天内送到，结果却用了 8 天，客户便会觉得你很不讲诚信，对你的印象也会打折扣；但如果你向客户承诺，货在 10 天内送到，结果在第 8 天就送到了，客户便会觉得你很守信，很负责，对你的印象也会好很多。

很多销售员之所以会对客户说大话，是因为他们希望通过自己开出的空头支票，说服客户跟自己合作。还是以发货日期为例，有的客户可能急需用货，所以才有销售员针对客户的这种心理，做出了可能无法兑现的承诺。这种铤而走险的行为，会给销售员带来巨大的心理压力。如果承诺最终没能兑现的话，还会给客户带来损失，让销售员的信誉受到损害。

真正理智的销售员绝对不会这样做，他们会将实情告知客户，让客户自己做出选择，是否要跟他合作。这样一来，即便这次合作不成，也能给客户留下比较好的印象，为以后可能的合作奠定基础。

第三，要对客户守时。

一名优秀的销售员必须要做到准时，这是最基本的礼貌，也是对客户最起码的尊重。因此，在跟客户会面时，一定不能迟到，否则必然会影响客户对你的评价。最恰当的做法是早到5—10分钟，提前做好准备。

介绍产品时不要夸大其词

————————•————————

很多企业为了刺激更多的消费者购买自己的产品，在介绍产品时夸大其词。这种做法非但不能取得预期的效果，反而会造成两种恶劣的后果：一是引起消费者的反感，二是造成广告费用的浪费。

先说引起消费者的反感。现代人普遍存有一种逆反心理，喜欢在别人的话里找漏洞。举个例子，一家餐厅宣称自己是镇上最好的餐厅，消费者在听到这样的介绍后，会很自然地产生种种质疑：你凭什么说自己是镇上最好的餐厅？你是食物的质量最好，还是服务的态度最好，又或者是两者都好？有什么人能帮你证明？

为了帮自己释疑，有些消费者会亲自上门光顾。这样一来，餐厅便能在短时间内吸引大批消费者。但如果这些消费者在亲身体验过后，证实餐厅只是夸大其词，那么餐厅的信誉必将毁于一旦，日后的发展必会举步维艰。

再说广告费用的浪费。这又可细分为两个方面：第一是广告语难以理解，无法给消费者留下深刻印象；第二是将目标市场盲目扩张。

先说第一个方面。很多夸大其词的广告语，都高高在上，语意模糊，让人无法理解。例如，有一家企业在广告中说："我们是新技术的领跑者，能用最先进的方案，解决您的一切难题。"相信绝大多数消费者在看到这样的广告语时都是一头雾水，不明白这家企业究竟想表达什么。这种广告自然很难取得预期的效果。

好的广告在介绍产品时一定是简单、直接的。例如，清洁宠物的商店，可以直接告诉消费者，"我们负责清洗发臭的宠物"。这显然比向消费者宣扬"我们是宠物美容师"，效果要好得多。

现代社会生活节奏越来越快，人们越来越崇尚简单、直接，没有人愿意花费时间和精力，去猜测一家企业隐晦的广告介绍背后到底隐藏着什么信息。因此，企业在介绍自己的产品时，要切忌夸张、晦涩。

再说第二个方面。很多企业夸大其词的目的是扩张自己的目标市场，吸引更多的消费者。

例如一款保健食品，明明只适用于中老年人群，但企业为了最大限度地扩张目标市场，却打出了各个年龄段人群都适用的广告。这显然是一种夸大其词的做法。既然确定了这样的目标市场，企业在投放广告时，自然也要兼顾各个消费群体，这势必会增加企业的广告投放费用。然而，当非中老年消费者买下这种保健食品，回去试用时，发现它根本不适合自己。这时候，他们势必会对企业的信誉产生怀疑。

可以说，这种做法既浪费了企业的广告费，又毁坏了企业的信誉。对企业来说，简直是有百害而无一利。

在介绍产品时夸大其词，这种做法的出发点是好的，但结果却很不好，甚至可以说"夸大就是贬低"。

当然，企业要想避免这一情况的出现，也并非什么难事，只需在介绍产品时删除一切杂乱的信息和空洞的词语，用最简单、最直接的语言，告诉目标客户，他们需要了解什么，体验什么，而你能够为他们做什么即可。

运用多种方式对客户进行提问

————————— • —————————

在行销过程中，向客户提问是一个非常重要的环节。销售员若能掌握多种提问方式，对客户进行有效提问，必能对提升销售业绩有所帮助。

对客户进行提问，能为销售工作带来很多好处，具体可分为以下几点。

第一是帮助销售员与客户建立融洽的关系。

销售员就客户感兴趣的话题发问，例如询问客户的兴趣爱好，询问客户喜欢到什么地方旅行，询问客户有几个子女等，都能给客户留下人性化的印象，营造一种和谐的谈话氛围。

第二是帮助销售员对自己的业务进行定位。

销售员可以通过提问，打探出客户的具体预算，以及客户是否掌握该项业务的决定权。这些都能帮助销售员定位自己的业务。

第三是强化客户的购买欲。

销售员首先通过提问，了解客户的需求，之后便可以针对该项需求，进行深入提问，强化客户购买的欲望。

举个例子，如果客户想购买一辆汽车，销售员便可以询问客户是否需要开车上班，是否需要开车送孩子上学，是否需要开车带家人旅行。通过类似的提问，强化客户的购买欲。就算那些原本因汽车价格太高，迟疑是否要在近期购买的客户，也会觉得这是一项物有所值的消费，并尽快做出购买决定。

第四是改变客户的购买标准。

在某些情况下，销售员提供的产品或服务，与客户需要的产品或服务，并不能做到完全吻合，但这并不代表这笔交易一定不能成功。实际上，销售员完全可以通过提问，改变客户的购买标准，选择自己提供的产品或服务。

例如，有些客户习惯于迷信大型企业。这时，你就需要问清楚，大型企业最吸引他们的究竟是哪一点。如果客户给出的答案是信誉，那么只要你能向客户提供最有力的信誉保障，便能促使他们改变主意，选择跟你合作。

第五是直接找出客户方的决策人。

跟客户方的决策人直接商谈，是促成交易最便捷的途径。销售员在跟客户交流的过程中，可以礼貌地向客户询问，谁是该项目的决策人。在得到答案后，销售员只需重点游说决策人即可。

第六是了解客户的反馈信息。

销售员在跟客户会谈的过程中，可以通过直接提问，了解客户对自己的意见。例如，主动要求客户对自己的产品和服务打分，然后根据所得的分数询问客户，自己有哪些可改进的地方。

在明确了提问能为行销带来的好处以后，接下来我们就要了解应该怎样进行提问。一般来说，销售员向客户提问的方式主要分为三种：开放式、封闭式和苦痛式。

开放式提问是一些鼓励人们开口的问题，如是什么、为什么、在什么地方、什么时间。在交流之初，销售员为了尽快了解客户，跟客户打成一片，需要多采用开放式提问。在这个阶段，销售员要多鼓励客户回答问题。在对客户本身及其需求有了一定了解后，销售员要想进一步发展业务，便要开始封闭式提问。

封闭式提问是一种只需要回答是或否，或是其他简单词语的提问。例如，在这个问题上，你是否有决策权？你倾向于高风险高回报，还是低风险低回报？封闭式提问能帮你进一步了解客户。当这种提问到达一定程度时，要使业务更进一步，便需要用到苦痛式提问了。

苦痛式提问涉及客户的艰难选择。例如，你若购买我们的产品，必须增加支出，对此您有什么看法？如果该产品的使用效果没有您预期的那么好，您会有什么样的反应？

销售员在向客户提问时，要将这三种提问方式有效结合起来。与此同时，还要注意，销售员提问的目的在于引导客户多说话，千万不能沉浸在自己的世界里，只顾着自己问得痛快，不理会客户是否能跟上自己的提问步伐，是否愿意对自己的问题做出回答。

除此之外，销售员还要留意，要多设定一些能得到肯定答复的问题，这会对双方的合作大有裨益。

用良好的身体语言跟客户交流

————————— • —————————

语言学家发现：在人与人之间的交流中，通过语言传达的信号只占总信号的35%，其余65%的信号必须通过非语言传达。这里所说的非语言，就是我们常说的身体语言。这一结论可应用到行销领域：销售员若想实现跟客户的有效交流，一定要运用好自己的身体语言。

身体语言大致可分为两种：一种是面部表情，一种是肢体动作。

先说面部表情。通常来说，眼神的变化最能传达人的思想感情。因此，销售员一定要学会用眼神向客户传情达意。

三白眼是一项大忌。所谓的"三白眼"，就是在看别人时，角度由下往上，所以眼珠的左右两边，以及下边都能看到眼白。这样看人，会让对方觉得你很轻视他。销售员若带给客户这样一种感觉，便很难再给客户留下好印象。

面对客户时，销售员要采取平视的角度。一般来说，客户的双眼和嘴中间的三角部位，是销售员视线停留的最佳位置。

当然，为了更好地取信于客户，销售员最好还是直接跟客户对视。无论客户的眼神中传达的信息是肯定还是否定，销售员都不宜躲躲闪闪，要勇敢地迎接客户的目光，才能让客户感受到自信和诚意。

当然，凡事都要讲求尺度。销售员不要一直盯着客户的双眼不放，否则会给客户带来很大压力，影响会谈的氛围。

除了角度问题以外，眼神的内容也很重要。

有的销售员虽然把握好了角度，但眼神空洞无神，这无疑也会给客户留下不好的印象，让客户觉得你三心二意，很没有诚意。

好的销售员，眼神一定是热情、丰富的。这样的眼神，有时比言语更能使客户信服。要做到这一点，前提条件是要对销售工作充满热情，对自己和产品充满信心。

在面部表情中，还有一个很重要的方面——微笑。微笑要发自内心，而非职业性的假笑，否则便会让客户觉得你惺惺作态。另外，还要注意，这里说的是"微笑"，而不是"大笑"。销售员在客户面前大笑是一种失礼的行为。微笑也不宜表现得太夸张，可以发出声音，但声音不能太大、太刺耳，以免让客户觉得不舒服。

有些销售员在安静地聆听客户说话时，总是嘴唇乱动，这是很不礼貌的。客户会觉得你在自言自语，觉得你非常不尊重他，根本没有认真听他讲话。

再说肢体动作，主要可分为姿势和手势两方面。

首先是姿势。跟客户会谈时，销售员的姿势不宜太紧张，否则会带给客户不自信或是不友好的感觉。这要求销售员身体的各部分一定要放松下来，无论是坐是站，姿势都要尽量保持自然。以坐姿为例，前倾20°，侧倾不到1°，是最自然的状态。

销售员坐着的时候，注意不要双手抱胸，这会给客户带来距离感。跷二郎腿也是不可取的，会让客户觉得你为人轻浮，很不可靠。另外，一定要坐稳，千万不要左摇右晃。否则，一方面会让客户分神，另外一方面也会让客户觉得你缺乏耐心和意志力，对你产生不信任感。

其次是手势。销售员在跟客户交流的过程中，有必要配合一定的手势。举个例子，刚见面时，热情地跟客户握手，让客户感受到你想跟他合作的诚意；介绍产品时，在用嘴巴和眼神向客户传递信息之余，加上一些自然的手势，展现自己斗志昂扬的精神状态。

手势更多的时候是一种自然流露，只要在交流中全情投入，便会很自然地做出相应的手势，刻意去做，效果反而不好。但是，一些不良的手势一定不能做，例如朝客户伸出小指或中指，长时间用手指着客户等。

因为同样的手势在不同的国家或地区，可能有着截然不同的含义。因此，销售员如果是跟来自其他国家或民族的客户谈生意，务必事先查清楚该国家或民族的手势语有什么特别之处，以免在客户面前做错了手势，令客户产生误解。

当然，销售员要想在客户面前保证自己的身体语言不出错，最好平时就多加注意，避免对任何人使用不良的身体语言。长此以往，养成了好的习惯，便不会在面对客户时露怯了。

学会解读客户的身体语言

销售员在利用身体语言向客户传达信息的同时，还要留意客户的身体语言，以此作为了解客户内心想法的重要依据。为此，销售员要做到以下几点。

第一，注意客户的眼神。

有句话叫作"眼睛是心灵的窗户"。在各种身体语言中，眼神无疑最能表达客户内心的想法。要想成为一名成功的销售员，一定要学会从客户的眼神中捕捉重要信息。

举个例子，如果客户看你的时候双眼无神，或是干脆不看你，转而望向别处，证明他对你正在说的话题没兴趣。这时，你需要及时转换话题，或是引导客户参与到谈话中来，倾听客户的真正需求。

如果客户的眼神中忽然绽放出了光彩，证明他对你正在说的话题产生了浓厚的兴趣。既然如此，你就应该在现在的话题上多花些工夫，甚至可将其作为说服客户购买的最大卖点。

第二，要注意客户的面部表情。

一般来说，面部表情可分为五种类型。

（1）麻木型，即面无表情。有这种表情的客户，一般没有购买的欲望。销售员要做好准备，想说服这样的客户，可要花不少力气。

（2）厌恶型，即表情中带有明显的厌恶情绪，最典型的有翻白眼、撇嘴等。有这种表情的客户，不是对销售员本身充满敌意，就是对谈话内容忍无可忍。总之，再跟这样的客户谈下去，也不会有什么结果，最明智的做法是及时停止。

（3）焦虑型，即心不在焉的表情。有这种表情的客户，显然有自己的难言之隐。销售员要尽量跟客户沟通，找出他的难言之隐究竟是什么，再图解决。

（4）欺骗型，即说谎者会出现的表情，最常见的是眼神躲躲闪闪。这样的客户必然对销售员有所隐瞒，甚至是在撒谎，欺骗销售员。面对这种客户，销售员一定要提高警惕，千万不要轻信客户许下的承诺，以免遭受损失。

（5）兴奋型，常见的表情有瞳孔放大、脸孔涨红等。有这种表情的客户往往有着强烈的购买倾向，销售员一定要牢牢把握机会，及时促成交易。

第三，要注意客户的手势。

如果客户的眼神跟手势方向相反，证明客户在说谎。如果客户不停地摆动手或手臂，或是不停地敲桌子，证明他无意再跟你交谈下去。

第四，要注意客户的姿势。

当客户无意购买你的产品时，他会有几种姿势：

（1）直接站着跟你谈话，不请你坐下；

（2）虽然坐下了，却坐在离你很远的地方；

（3）斜坐在座位上，姿态慵懒；

（4）跷着二郎腿；

（5）两手抱胸。

当客户对你的产品产生了购买欲时，同样会表现在他的姿势上：

（1）一边听你说话，一边不停地点头；

（2）不断靠近你，身体向前倾。

在解读客户的身体语言时，销售员还应留意以下几点。

第一，别被客户伪装出来的身体语言欺骗。

有些有经验的客户非常擅长隐藏自己的真实情感，总是用与自己内心想法截然相反的身体语言来做掩饰。销售员务必观察细致，别被这种"装模作样"的身体语言骗到。

第二，要事先了解客户的身份背景。

同样的身体语言，在不同的地区可能有着不同的含义。销售员在跟客户会面之前，一定要先对客户的身份背景有所了解，查清客户生活的地区有没有特殊的身体语言。

第三，要结合客户所说的话，全面解读其身体语言。

身体语言总是跟客户所说的话紧密相连，要想全面了解客户的意思，必须将二者联系起来，综合分析。

通过口头禅了解客户

————— • —————

很多人都觉得口头禅只是一种习惯用语，没什么实际含义，但事实并非如此。跟其他语言一样，口头禅也能反映一个人的性格。销售员在跟客户会谈时，要对客户的口头禅格外留意，这样才能掌握更多的客户信息。

研究表明，口头禅是重大事件对人的影响和积累效应的结果。简单来说，就是重大生活事件留给人的"后遗症"。作为一种带有浓厚个人色彩、重复率极高的语言反应模式，口头禅往往暴露了人内心深处的某些私密信息，反映了其性格和价值观。

总结起来，在行销过程中常见的口头禅主要有以下几种。

第一种是"你觉得呢"。

销售员在询问客户对某件事物有何看法时，有些客户会习惯性地反问销售员："你觉得呢？"这种不喜欢正面回答问题的客户，往往有着很强的戒备心理，并且非常急功近利。

要想说服这样的客户，销售员需要多强调跟自己合作能为客户带来的好处。例如，对客户说："如果您今天下订单的话，我可以给您最低折扣。"

第二种是"不靠谱"。

老是把"不靠谱"三个字挂在嘴边的人，通常都疑心很重，重视细节，追求完美，容不得半点瑕疵。

跟这样的客户合作，要事先做出声明：自己并非不靠谱的人，一定会竭尽所能，为客户提供最完美的产品和服务。在会谈过程中，要不断向客户提问："您对此有什么意见？"如果客户提出意见，要马上想办法解决，直到客户满意之后，再进行下一步。

第三种是"没错"。

类似的口头语还有"确实""当然"等，都是表示肯定的意思。喜欢说这种口头语的人通常都很和善，比较容易相处。

销售员在跟这种客户打交道时，通常不会遇到什么困难。

第四种是"不是这样的"。

这种客户总喜欢以否定别人做开头，发表自己的意见，这证明他的自信心不足，很担心别人会忽视自己，因此他需要通过不断否定别人，来吸引别人的关注。

面对这种客户时，销售员一定要给予其充分的重视和尊重，多询问客户的意见，多做客户的倾听者。

第五种是"抱歉""不好意思"。

这种客户虽然彬彬有礼，但心中总是充满了矛盾与抗拒。

销售员要想说服这样的客户，就要不停地追问他们，比如："您觉得我们的产品有哪一处不符合您的心意？"然后，销售员要根据客户的回答，有针对性地做出劝说，直至将他们的不满全都解决掉。

第六种是"好啊"。

喜欢说"好啊"的人，往往比较热情、友善，缺点是太缺乏主见，习惯于依从别人，但这种依从有时并非出自真心，只是一种习惯。

销售员可以很容易地说服这种客户购买自己的产品，但难保客户事后不会反悔。因此，销售员千万不要因为客户答应跟自己做交易，就放下心来，一定要向客户做出详细介绍，保证客户的决定是经过理智思考之后才做出来的。这样不但免除了客户事后反悔的麻烦，还能给客户留下良好的印象，方便建立长期的合作关系。

第七种是"但是"。

喜欢说"但是"等转折性词语的人，往往很自我。但与此同时，他们又很讲礼貌，甚至有些胆怯，不愿影响自己在别人心目中的形象。就算他们不同意别人的意见，也只肯用"但是"这种比较委婉的词语来表明自己的想法。

销售员在说服这种客户时，只要多点耐心，就能顺利促成交易。

第八种是"先听我说"。

这种人性格暴躁、专横，控制欲极强，他们非常看重自己，渴望得到别人的重视和尊重，唯恐被别人误会。

在跟这种客户接触时，销售员要多给客户说话的机会，多肯定客户，在此基础上引导客户做出购买决定。

第九种是"这个""嗯""啊"。

这类口头禅没什么实际意思，说话者纯粹是为了拖延时间，给自己更多的时间思考。喜欢说这类口头禅的人通常老谋深算，不容易被说服。

销售员在跟这种客户打交道时，要做好打持久战的准备，不要奢望在短时间内交易成功。

通过人称代词的使用频率了解客户

————— · —————

在日常生活中，人们经常会用到"我""你""他""我们"等人称代词。这些人称代词的使用频率，会透露出关于人们性格的一些信息。销售员若能对这方面的知识有所了解，便能掌握更多的客户信息，对促成交易会有所帮助。

有些人在说话时，喜欢用到"我"这个人称代词。这种人通常很自恋，有着自己独特的观点，无论做什么事，都喜欢从自己的角度出发。不过，这并不意味着他们拥有足够的自信心。实际上，这种人通常不够理智，缺乏自信。有心理学家发现，美国前总统奥巴马在发表即兴演讲时，就很少使用代词"我"，这反映出了他的自信和理智。

可以说，喜欢使用代词"我"的人，性格通常比较矛盾：一方面非常自恋，另一方面又有些自卑。面对这样的客户，销售员要多用肯定和赞美来满足他们的心理需求。例如，多对他们说："您分析得简直太棒了！""您提出的这个问题真是一语中的！"类似的话语能极大地满足客户的虚荣心，提升你在他们心目中的形象。

有些人在说话时，喜欢用到"你"这个人称代词。这种人通常很擅长社交，在社交场上左右逢源，游刃有余。不过，他们并不喜欢跟人建立太过亲密的关系。谈论问题时，他们也不喜欢牵涉其中，他们会尽量跳出来，以局外人的身份客观地发表意见。

销售员在跟这种客户打交道时，注意一定不要侵犯对方的隐私。凡是涉及客户私人事务的话题，都要敬而远之。如若不然，便会让客户觉得你很没有礼貌，对你的印象便会大打折扣。

有些人在说话时，喜欢用到"他"这个人称代词。这种人通常有很强的戒备心理，不愿敞开心扉，跟人交流。

销售员要想说服这样的客户跟自己合作，最有效的途径莫过于在客户面前塑造一种专业的形象。为此，销售员要事先做好充足的准备，在会谈过程中用专业知识和专业数据，以及行业的相关信息，武装自己，取信于客户。

有些人在说话时，喜欢用到"我们"这个人称代词。心理学家彭尼贝克曾说："我们"是一个非常奇妙的词语，它既能给人温暖和力量，又能使人置身事外。在西方世界，很多政客都喜欢使用代词"我们"。这种缺乏针对性的代词，既可以表明政客们代表的是民众的心声，又可以在有需要时转嫁责任，比如说"我们犯了个错误"，就比说"我犯了个错误"巧妙得多，受到的指责也会少得多。

因此，一个喜欢说"我们"的客户，他的性格也会有两种可能：第一，他很友善，很容易跟人打成一片；第二，他很不喜欢承担责任。面对第一种情形，销售员要尽可能地表现出自己的热情和真诚，让客户感受到你是他的同类，这样客户便能对你产生极大的好感。面对第二种情形，销售员就要小心了，这种客户很不喜欢跟人正面交流，他们的说法和决定也不足为信。不过，一旦你说服了他们，就能轻而易举地跟他们建立比较稳定的合作关系。

当客户有这些表现时，要及时终止谈话

———————— • ————————

销售员在跟客户面对面交谈的过程中，客户可能会因为种种原因，突然想终止此次谈话。出于礼貌，有些客户不便直接说明自己的意思。这时，他们会用各种各样的表现向你做出暗示。你要及时接收客户的"逐客令"，并主动告辞，因为再勉强谈下去，也不会有什么结果。

一般来说，想要终止谈话的客户会不断朝门口处张望。可能是你的谈话让他们觉得枯燥乏味，也可能是他们还有别的事情要做，总之，他们想迅速夺门而出。在这样的情况下，你若还不愿马上结束此次谈话，很有可能会惹怒客户。即便他们没有当着你的面发作，对你的印象也必然会大打折扣。以后你再想跟他们见面交谈，就会变得非常困难。

有些沉不住气的客户还会制造各种噪声，不停地打断你的话，具体表现有清嗓子、叹气、拍手臂、拍大腿、在桌面上敲敲打打、嚼口香糖、喝水等。被打扰的你可能会觉得客户很没有礼貌，殊不知客户也觉得你很没有礼貌，明明已经提示得这么明显了，你还不懂得察言观色，自动在他面前消失。

当然，更多的客户不会表露得这样明显，他们只会用一些看似微不足道的肢体动作来向你做出暗示。通常人在打盹时，若不想被其他人看出来，便会用手扶住自己的额头，这样可以挡住双眼，不让对方看到自己的眼皮正在打架。但要是客户向你做出了这样的动作，他们真正的用意就不是在掩饰，而是在向你暗示他们的困意了。

另外，客户还会通过变换坐姿提醒你，最常用的有两种坐姿：第一是伸展双腿，足跟着地，足尖朝上；第二是交叉双腿，同时双手朝后，撑住自己的身体。这两种坐姿都表明客户已经很疲倦了，他们迫切想结束此次谈话，休息一下。不过，这并不表明你们之间就没有合作的机会了。事实上，如果你能适时洞察客户的心意，在告辞的同时，向客户提议下次见面的时间，大多数客户都会感激你的善解人意，欣然接受你的提议。

不少客户习惯在坐下时跷起二郎腿，但你若是发现他们不断变换垫着和跷着的腿，那你就要注意了，这有可能是因为客户想要上厕所，可是见你说得正起劲，又不好意思打断你。这时，你不妨找个借口，暂时中断谈话。等客户上完厕所之后再谈，效果无疑会好得多。不过，这种坐立不安的坐姿也有可能是其他原因导致的，例如客户忽然想起了某件急事要做。如果是这样的话，你就要及时终止此次谈话，让客户去做他们真正想做的事。

总之一句话，当客户做出上述举动中任何一个或几个时，你都要马上结束跟客户的谈话。只有这样，你们才能有机会再次见面交谈。

向客户提供有力的保证

————— • —————

在很多情况下，客户要下定决心购买一样产品并不容易。这时，如果销售员能够放低姿态，主动向客户提供有力的保证，那么促成交易的可能性就会大大提升。

在行销过程中，销售员要学会站在客户的角度思考问题。因为只有设身处地为客户考虑，才能真正了解客户的心意，明白他们为什么不愿做出购买决定。

绝大多数客户在行销中有着极为复杂的心理活动，他们觉得非常矛盾，非常不安，而这些恶劣情绪的源头就是他们害怕承担风险。风险的内容多种多样，例如买贵了，买到了假冒伪劣产品，买到根本不适合自己的产品，等等。

在这种情况下，销售员若能为客户提供有力的保证，便能让客户的购买行为变得毫无风险，或者说，至少能将这种风险降至最低。如此一来，销售员与客户之间的交易障碍便会减少，甚至直接不复存在，这对交易的促成必然大有帮助。

在所有保证中，最有力的保证莫过于无条件全额退款。只要客户有任何不满，就能获得全额退款。做出这样的保证，既能消除客户在购买时的一切担忧，显示销售员对产品的信心，增强客户的信任，又能有效打击同行业的竞争对手。

可能有的企业会担心，这样的保证会不会引起客户蜂拥退款。实际上，这种担心是很没有必要的。相信很多人都有这样的经验：就算你对自己购买的产品有一些不满，并且你知道自己可以享受无条件退款的待遇，但你最终往往也不会去退款。在现实生活中，很少有人愿意给自己找这样的麻烦。

在此需要明确一点，无条件全额退款的标准并不是唯一的，各企业完全可以根据自身的实际情况，制定恰如其分的标准。无条件全额退款的时间范围可以定为一周，也可以定为一个月、一年，甚至终身。不同的行业，标准自然也会有所不同。

另外需要注意，向客户做出的保证一定要方便可行，这样才能让客户感受到你的诚意。有些服装品牌承诺在七天内全额退款，但与此同时又要求产品必须是未经穿着、清洗，且未剪掉广告牌的。这样的承诺显然诚意不足。要知道，绝大多数人在买下衣服的第一时间就会将广告牌剪掉，这一剪，便丧失了退款的资格。

还有很多产品都向客户做出了这样的保证：只要产品存在质量问题，客户便可以将其邮寄回生产厂家，换取全新的产品。这样的承诺同样没有多少诚意。试想一下，有哪个客户愿意花费时间和邮资将产品千里迢迢邮寄回生产厂家？如果产品本身价格不高的话，这样做就更得不偿失了。真正有诚意的企业绝不会做出这种虚伪的保证，他们会主动上门帮客户更换新产品。

让客户相信不购买会给他们带来损失

————— · —————

　　很多销售员都喜欢在客户面前强调，购买自己的产品能为他们带来何种好处，以为这便是说服客户跟自己做交易的最佳方法。实际上，还有一个更好的方法，就是让客户相信，不购买产品会为他们带来巨大的损失。

　　人失去一样东西，会感受到痛苦，得到同样的东西，会感受到快乐。不过，这种快乐的程度，远远比不上失去的痛苦。每个人都对痛苦怀有一种恐惧心理，这种恐惧会在想象力的作用下，被放大很多倍。因此，如果销售员能让客户明确，不购买自己的产品会为他们带来多大的痛苦，让客户对此产生深深的恐惧，便能有效刺激客户做出购买决定。

　　这样的销售方法最早起源于美国，是著名的政治家和科学家富兰克林发明的，因此也被称为"富兰克林说服法"。该方法的核心内容是，销售员将客户购买产品所能得到的好处，和不购买产品的不利之处一条一条列举出来，以此增强说服力。该方法后来在行销领域得到广泛应用，日本汽车推销之神奥城良治就是该方法的忠实奉行者。

奥城良治曾连续 16 年成为日产汽车公司的推销冠军。在推销每一辆汽车之前，他都会准备一份详细的资料，其中记载着客户购买这种汽车享受到的便捷，以及不购买这种汽车会遭受的不便，这些不便加起来，足足有 100 条之多。由于事先做好了充足的准备，奥城良治在跟客户打交道时，就显得胸有成竹，游刃有余。

富兰克林发明的这种销售方法适用范围比较广泛。绝大多数销售员在工作过程中，只要肯深入调查，认真思考，便能找出不购买自己的产品会给客户带来的损失。当然，每种产品的具体情况不同，损失也会有所不同。

以服装为例，客户不购买某件衣服，可能遭受的损失有很多，如着装不体面，给上司留下不好的印象，影响自信心，等等。销售员若将这些损失全都罗列出来，可能有几十上百条，光是这样的数字便足以震慑客户。

不过，并不是所有产品都能罗列出这么多损失。很多情况下，这种损失只有寥寥数条，甚至只有一条。这时就不能靠数字取胜了，而要靠损失的严重程度来影响客户。如果有必要的话，销售员可以适当夸大损失，当然夸大不等同于说谎，必须建立在损失真正存在的基础上。

举个例子，彩票公司要想增加销售额，就要让客户相信，不购买他们的彩票，便会丧失成为亿万富翁的机会。尽管我们都知道，一个人买到头彩，成为亿万富翁的机会微乎其微，彩票公司打出这样的宣传口号，的确是夸大其词。但与此同时，我们也都明白，中头彩的机会再渺茫，也只会降临到那些买彩票的人头上，不买彩票的人永远都得不到这样的机会。因此，彩票公司的这种夸张绝非毫无理据的谎言，而是以事实为基础的夸张演绎。

处理好客户的反对意见

————— · —————

在行销过程中，销售员会收到客户提出的各种各样的反对意见，例如"我现在没有钱""我现在没有时间跟你谈""我需要再考虑一下"等。不对这些意见做出妥善处理，就无法使交易更进一步。于是，如何处理好客户的反对意见，就成了摆在销售员面前的一道难题。其实，要解决这道难题并不困难，只要摆正心态，兵来将挡，水来土掩即可。举个例子，如果客户嫌你的产品无效退款的期限定得太短，那你便可以做出适当调整，将期限放宽。

一般来说，客户的反对意见主要可分为以下几种。

第一种是"把详细的资料给我，我看完之后再跟你联系"。

销售员千万不要相信这样的话，这只是客户婉拒你的一种借口。这种客户在收到你的资料后，往往连看都不会看一眼，更别提再跟你联系了。

要说服这种客户改变主意，销售员可以这样说："我一定会把详细的资料给您，但在此之前，我希望能面对面地为您做解说。因为根据大部分客户的亲身体验，没有什么比面对面解说更清楚、更直接了。"

第二种是"我没有时间"。

说自己没有时间的客户，往往不是真的没有时间，他们只是对你销售的产品或服务不感兴趣。不过，你不必因此马上打退堂鼓：他们现在不感兴趣，不代表过几天依旧不感兴趣；他们不感兴趣，也不代表你不能说服他们产生兴趣。

面对这样的反对意见，你应该做的是礼貌地告辞，同时跟客户约定下次见面的时间："既然您没有时间，那我今天就不打扰了，下次见面再跟您详谈。我想跟您约定下周二再见，不知您意下如何？当然，如果您不方便的话，推迟几天也可以，我没有意见。"

第三种是"我现在没钱"。

说自己没钱的客户，有两种可能性：一种是他们根本不想跟你合作，另一种是他们的确没钱。有经验的销售员通过客户的态度和语气，很容易能判断出他们属于哪种情况。但是相较于那些有钱却没合作诚意的客户，销售员更应重视那些没钱却有合作诚意的客户。

现在没钱并不意味着以后也没钱。销售员要先了解客户何时才能筹到足够的资金，若是短时间内资金就能到位，当然最好。销售员可以先跟客户订立合约，等资金到位后再正式交易。若是客户需要很长一段时间才能筹到资金，甚至时间遥遥无期，难以确定，那销售员便可以考虑将其发展为长线客户，定期沟通，等机会到来时再图合作。

第四种是"我需要再考虑一下"。

面对这样的客户，销售员首先要做的是询问对方，究竟需要考虑些什么。因为客户想要考虑的问题，有可能是销售员可以直接解答的。若果真如此，这个反对意见只需双方开诚布公地交流一下，便能得到顺利解决。

如果客户要考虑的，恰恰是销售员无法作答的，那么销售员就应该主动提出要出去一下，给客户留出足够的时间和空间，独立思考，跟同事商议。

如果客户方在短时间内无法达成一致意见，那么销售员可以选择先行告辞，然后在当天晚些时候或是第二天一早再跟客户联络，询问他们考虑的结果。

第五种是"我想了解一下同类型的其他产品"。

比较是人类的天性，很多销售员在跟客户会谈时，不喜欢提到其他企业生产的同类型产品，生怕客户会在比较过后，改变自己的心意。这种做法是很不可取的。真正明智的销售员会给客户充分的比较空间，并让他们在比较过后，当机立断，做出决定，购买自己的产品。

为此，销售员应该事前对同类型的其他产品有所了解，做足准备功课。当客户提出这样的反对意见时，销售员便可以拿出一张白纸，在白纸的一边列明竞争对手的产品优势，另一边列明自己的产品优势。在这个过程中，需要注意两点：第一，不要评价自己的竞争对手，以免言辞失当，给客户留下不好的印象；第二，要确保自己的产品优势比竞争对手更多，特征更鲜明。这样一来，客户便能在比较过后，选择你的产品。

被客户拒绝，不要马上放弃

————————— • —————————

在行销过程中，销售员会经常遭到客户的拒绝。很多销售员在被拒绝后，会马上选择放弃，这是一种很不明智的做法。任何想要获得成功的销售员，都要学会应对客户的拒绝，从拒绝中寻求交易的可能性。

有研究表明：销售员至少要遭到客户的六次拒绝，才能达成一次交易。可见，被客户拒绝是销售员走向成功的必经之路，甚至可以说，销售就是从被拒绝开始的。既然这是不可改变的现实，销售员只能选择接受现实。不过，在接受的同时，他们又为此感到头痛不已，因为最关键的问题还没有得到解决：在实际工作中，他们该如何应对客户的拒绝？有以下三点建议，可供参考。

第一，保持积极的态度。

态度决定一切，同一件事，以不同的态度去对待，结果会截然不同。将这个道理引入行销领域，就是面对客户的拒绝，以消极的态度应对和以积极的态度应对，会造成完全相反的两种结果。态度消极，自己先失去了斗志，要想再说服客户改变主意，根本是不可能的；相反，态度积极，不仅能让自己保持信心，还有可能感染客户，促使其改变主意，做出购买决定。

那么，到底要怎样做，才能称得上是以积极的态度应对客户的拒绝呢？

第一，在收拾资料，准备离开时，要表现出强烈的自信，以及对客户未能做出购买决定的遗憾。例如，可以一边收拾东西，一边对客户旁敲侧击："我们的产品能为您带来这么多好处，您却不愿购买，真是太遗憾了！"

当你做出这种举动时，有些客户的信念便会发生动摇。这时，你需要更进一步，给客户制造一种危机感："如果这次您不买，可能以后就没有这么好的机会，买到这么适合您的产品了。"

这会进一步动摇客户的信念。你要乘机再次向客户提议，为他介绍你的产品，以及你的产品能给他带来的好处。

做到这一步，相信你已经让很多客户由拒绝变为接受。不过，也会有不少客户始终不为所动。面对这样的客户，你只能选择离开，但在离开时，切记要保持优雅的姿态，千万不要对客户口出恶言，或是垂头丧气。要知道，这次合作不成，不代表以后没有合作机会。只要你能给客户留下始终如一的自信、乐观的印象，便能为日后的合作创造良好的机会。

第二，可以暂时不理会客户的拒绝。

很多时候，客户拒绝销售员，只是一种本能的反应，他们不见得真的没有购买的意向。有研究表明，这样的拒绝占了客户拒绝案例总数的七成。销售员要学会对客户的拒绝做出合理判断，分清楚究竟哪些是本能反应，哪些是真正的拒绝。

一般来说，那些在听销售员介绍产品时表现得心不在焉，甚至一句话都没兴趣听的客户，对销售员的拒绝大都源自本能反应。面对这样的拒绝，销售员可以选择暂时不理会。接下来，随着销售员跟客户的交流加深，这样的拒绝会自动消失。

第三，对客户的拒绝采取有力的回应。

当客户对产品本身产生怀疑，并因此拒绝销售员时，销售员只靠自己的游说，是很难说服客户的。在这样的情况下，销售员就要采取其他方式，对客户的拒绝予以坚决的回应。例如，向客户列举正在跟自己合作的几个知名大客户的名字，向客户出示权威机构的认证证明等，都能对打消客户的质疑有所帮助。

主动催促客户下订单，别等客户主动

———————— • ————————

销售员与客户之间的交易，一般可分为四个步骤：引起注意，挑起兴趣，勾起购买欲，收场。销售员最常犯的错误是，只完成了前三个步骤，便以为大功告成，不主动收场，催促客户下订单，而是等客户主动，结果导致交易中断，前面的一切努力都付诸东流。任何想获得成功的销售员，都要尽量避免这样的错误。

相信很多人都曾见过这样的广告：画面优美，内容吸引人，卖点独特，令人一见难忘，并随之产生了极为强烈的购买欲。只可惜，人们在广告中却找不到任何方便购买的信息，没有地址，没有网址，也没有电话。绝大多数客户因此丧失了购买的兴致。这样的广告真是一种巨大的失败与浪费，这跟在行销中不主动催促客户下订单是一样的道理。

要知道，在行销过程中，客户扮演的是一种非常被动的角色，除非他们对你销售的产品有着极为强烈的渴求，否则你根本不必指望他们会主动。可以说，行销从来都不是一个水到渠成的过程，而是一个需要不断努力推进的过程。那些认为只要前三个步骤做好了，便能顺理成章走到第四步的销售员，实在是太天真了。

福特汽车公司的创立者亨利·福特先生与一位保险代理商相识多年，却从未从对方手上买过保险。后来，这名代理商忍不住问福特这是为什么。福特回答道："因为你从来都没问过我。"可见，作为一名销售员，绝对不能被动等待，要主动出击，并坚持到最后。除非客户已经签下订单，一切尘埃落定，否则一定不能盲目乐观。

催促客户下订单，可细分为以下几个步骤。

首先要确定客户没有任何异议。

销售员可以这样对客户说："关于这笔业务，我们已经聊得差不多了，我想确认一下，您是否已经清楚了解了我所说的每一点？您是否还有什么疑问？"

如果客户表示已经了解清楚了，没有任何疑问，那销售员便可以继续："既然如此，我是否可以说，我们现在已经完全达成了一致？"只要客户回答"是"，销售员便可以将话题引到订单那里。

催促客户下订单，不需要拐弯抹角，直接说出来就行。例如，直接问客户："我想了解一下，您是否打算将这笔单子给我们做？"

若客户对此没有异议，你便可以继续确认："现在您对我们的产品相当满意，希望开展下一步合作，是这样吗？"

在得到客户的肯定答复之后，你便可以就订单签订的时间和地点与客户进行协商。另外，你还要尽快确定客户的付款方式。

需要注意的是，在这个过程中，你必须保证客户方的主要决策人在场，以免引起不必要的纠纷。其间每完成一步，你都要向客户提问并确认，让所有细节都清晰明了。

一切完毕后，你只需在约定的时间和地点跟客户会面，双方在订单上签字，交易的四步骤便算是圆满完成了。

给客户一种物有所值的感觉

在行销过程中，销售员要努力带给客户一种物有所值的感觉。因为没有人愿意购买价格远超过价值的产品，只有当价格与价值相符，甚至低于价值时，客户才有可能产生购买的欲望。

为此，销售员在将产品的价格告知客户之前，务必让客户先对产品的价值有所了解，让客户相信该产品绝对值这个价格。

举个例子，客户看中了一件T恤衫，急不可耐地问销售员："这件T恤衫多少钱？"大部分销售员都会马上将T恤衫的价格告知客户，这种做法是非常不可取的。特别是当T恤衫的价格比较高时，客户的第一反应往往是："啊，这么贵啊！"然后丢下T恤衫，马上就走。

聪明的销售员绝不会允许这种情况发生，在回应客户对价格的提问时，他们会首先称赞客户有眼光，由此引到T恤衫的价值上，例如做工精细、设计别致等。介绍完这些以后，他们才会说到T恤衫的价格。这样一来，就算价格超过了客户的预期，客户也会觉得以它的价值，是配得上这种高价的。

是先告知客户价格，还是先告知客户价值，看起来似乎差别不大，实际效果却天差地别。

先告知客户价格，给客户留下了昂贵的第一印象，接下来再介绍产品的价值时，很容易会被客户误解为是在给产品的高定价找借口。

反过来，先告知客户价值，给客户留下了优质的第一印象，客户会很自然地在心里为产品估价，接下来再说到产品的价格时，客户便不会太意外。甚至在某些情况下，客户的估价超过了产品的定价，这样客户的感受便不是物有所值，而是物超所值了。

不过，也有很多时候，产品的定价超过了客户的估价，客户感受不到物有所值，便会迟疑是否要购买该产品。这时，销售员需要回归基本，再次以产品价值为依据游说客户。

首先，要强调产品的独特性。

能称得上独特性的，自然是其他产品都不具备的。这要求产品在设计阶段就要突破常规，勇于创新。

如果产品本身不具备独特性的话，那销售员不妨从服务入手，用独一无二的售后服务游说客户。

举个例子，现在市场上售卖的很多电子产品，只有一年或两年保修期。在这样的情况下，如果某种电子产品向客户承诺终生免费保修，那么这种独特的售后服务必能吸引大批客户前来购买。当然，在做出这种服务承诺时，必须量力而行，千万不要勉强自己，否则最后无法兑现对客户的承诺，便会导致企业的信誉破产，得不偿失。

其次，要强调产品的比较优势。

要拿自己的产品跟同类型的其他产品做比较，不过在比较的过程中一定要注意，千万不要拿自己的短处跟别人的长处对比，这样无疑是自曝其短。最聪明的做法自然是拿自己的长处跟别人的短处比，但这种比较务必客观、实事求是，要牢记绝不能在客户面前贬低竞争对手的产品。

最后，要强调产品能满足客户的需求。

一件产品的价值再大，对客户来说，终归要落实到它能否满足客户的需求上。

例如，客户想买一套运动装，而他对运动装只有两个要求：一是吸汗，二是透气。销售员在向这位客户推销运动装时，务必抓住这两个重点，反复强调，这样才能刺激客户的购买欲。至于这套运动装的款式是否新潮，图案是否别致，根本不是客户考虑的重点，销售员在介绍产品的过程中可以提，但不必重点提。

说服喜欢拖延的客户马上购买

———————————— • ————————————

销售员在工作中会遇到很多喜欢拖延购买的客户，明明一切都已谈妥了，客户却迟迟不愿做出购买决定，坚持"以后再说"。如何说服这类客户马上购买，成了摆在销售员面前的一道难题。对此，销售员可采取以下几种策略。

第一种是提醒客户时间宝贵，不要浪费大家的时间。

在客户提出延迟购买之前，销售员就应先发制人，提醒客户时间宝贵，要尽快做出决定。这样一来，很多客户便不好意思"以后再说"了。

第二种是制造紧张气氛，让客户觉得不快买就买不到了。

人们普遍都有这样一种心理：越是不容易得到的东西就越想得到。销售员可以利用客户的这种心理，制造一种紧张气氛，让他们觉得一定要马上做出购买决定，否则一旦错过时机，就很难再买到了。

在这方面，销售员有两种做法可供参考。

一是告知客户产品的数量有限。

很多商店在进行促销或售卖某种比较受欢迎的产品时，都会大力宣传"数量有限，售完为止"。原本还在迟疑要不要买的客户，一听到这样的宣传口号，往往会不假思索，马上做出购买的决定。这便是最常见的一种制造紧张购物气氛的方式。

二是告知客户购买产品的最后期限。

商店在搞促销时，都会对促销期限做出规定。促销期满后，客户再购买同样的产品，便无法继续享受折扣。很多习惯拖延的客户，因不愿错失促销良机，不得不尽快购买。这样同样可以制造出一种紧张的购物气氛。

以上两种做法，可以说是殊途同归。

第三种是赞美客户，提升客户的自信心。

很多客户之所以喜欢拖延购买，就是因为自信心不足，害怕自己的选择是错误的。面对这样的客户，销售员可以通过赞美和肯定，使客户相信他们已经做出了最明智的购买选择。

举个例子，一名女客户对自己是否应该买下某辆汽车迟疑不决，销售员可以这样劝说她："您真的很有眼光，这款汽车无论是外形还是功能都非常适合您，能给您的出行带来很多方便。您的家人和朋友见到了，一定也会夸您眼光独到。"

第四种是在客户面前列举出一些相当具有说服力的老客户。

大多数客户都有从众心理，只要销售员将一些颇有实力的老客户的名字说出来，便能激发客户的从众心理，刺激他们马上做出购买决定。

例如，销售员可以这样对客户说："我们跟国内很多知名企业都有合作，像某公司、某集团等，都是我们的客户。"当然，这里所列的企业，务必是行业内部的知名企业，这样才更有说服力。客户听到销售员这样说，自然会想，他们的产品质量肯定是有保障的，如若不然，这些大企业怎么会选择跟他们合作呢？

需要注意的是，这种做法不适用于追求个性、有逆反心理的客户。销售员必须事先了解清楚，眼前的客户究竟是喜欢从众，还是喜欢与众不同。

一定要给客户讨价还价的机会

———————— · ————————

当客户决定购买某种商品，开始讲价时，销售员切忌接受客户第一次开出的价格，一定要给客户讨价还价的机会。很多销售员担心客户会因价格太高，临时打消购买的念头，所以一听到客户开出的价格，就迫不及待地表示接受。

在这些销售员看来，这样做不仅能给客户很大的优惠，还能为客户省下不少时间，殊不知客户心里却不是这样想的。他们会觉得，自己的价格开得太高了，要不然销售员不会马上答应下来。他们会为此深感后悔，有些客户甚至会得寸进尺，进一步砍价；有些客户不好意思再反悔，只好勉强买下来，但他们对此次购物的满意度却大打折扣。这种销售员无疑是失败的。

要想避免这种失败，你可以这样做：如果客户要求你给他打九五折，你可以跟他说："如果您今天下单的话，我可以给您打个九七折。"千万不要跟客户说："虽然我们很少打折，但是今天就给您打个九五折吧。"

如果你这样说了，客户可能会对你说："其实我是希望你给我打九折。"

还有一些销售员，虽然也跟客户讨价还价了，但在成交之后，他们又在客户面前表现得眉飞色舞，神采飞扬。客户看到他们的表现，自然会觉得，他们是因为占了自己的便宜，所以才这么高兴。因此，销售员只给客户讨价还价的机会是不够的，还要在客户面前表现得很不情愿，这样才能让客户觉得自己占了便宜。一个优秀的销售员，一定要有优秀的演技。这并不是欺骗客户，而是一种双赢策略：既增加了自己的收益，又让客户心情舒畅。

讨价还价说到底就是打心理战，你一定要让客户感到他们是胜利的一方。在这个过程中，销售员不宜表现得太爽快。反正你已经为说服客户购买花费了不少时间，再多花半个小时跟客户讨价还价也无妨。

当客户要求你给他折扣时，你务必让折扣数字精准一些。例如，尽量不要说八五折、九折、九五折之类，这样的折扣方式太普通了。要是客户要求你给他打九折，你不妨先告诉他，你可以给他打九七折。客户接受不了，会跟你继续讨价还价。你可以让步，再给他打个九四折或是九三折。这种奇怪的折扣率会给客户这样一种感觉：你是在经过精确测算以后，才得出了这种折扣，这已经达到了你承受的极限，很难再进一步。这样才能让客户感到自己是获胜方。

另外，如果你销售的产品价格很高，那你在为客户打折时，说绝对数字一定要比说折扣率更具诱惑性。举个例子，你对客户说："如果您今天下订单的话，我可以给您 2000 元的折扣。"这就要比"给您优惠 6%"来得更直观，更吸引人。

即使买卖不成，也别得罪客户

———————— • ————————

销售员在销售过程中遭遇失败是很常见的事，要摆正心态，切忌对客户口出恶言，得罪客户。中国有句古话："买卖不成仁义在。"所有销售员都应铭记于心，若是做不到这一点，便很难成长为真正优秀的销售员。

每个销售员在行销的过程中都会遭遇无数次失败，尤其是刚刚入行的新人，被客户拒绝更是家常便饭。这要么是因为你的销售技巧还不够娴熟，要么是因为你选错了客户，对方没有意向，或是没有能力购买你的产品，要么是其他一些原因。总之，如果你遇到了一个无论怎样游说，都无法说服的客户，那你就要及时告辞，不要继续做无谓的纠缠，以免引起客户的反感。当然，最重要的是，你的态度不要因此发生任何改变。

有些销售员有这样一种坏毛病：一旦发现客户根本无意购买他们的产品，他们的态度就会来个180°大转弯，甚至对客户甩出几句难听的话。这种连最基本的职业道德都不具备的销售员，要想获得成功，是不可能的。

成功的销售员必须具备平稳的心态，能以平常心对待每一项业务的成与败。他们很清楚，一次合作不成，并不意味着永远都合作不成；一项业务失败，也不意味着彻底的失败。

那些因买卖不成对客户口出恶言的销售员，必将给客户留下十分恶劣的印象。要知道，印象是具有传播性的，一个客户对你的印象不好，就意味着他身边的几十个人都对你没有好印象。

你不能保证，这个客户以后不会成为你的潜在客户。你更不能保证，他身边的几十个人中，没有一个会成为你的潜在客户。但是就因为你的几句恶言恶语，便将这些潜在客户全都赶跑了。

有些客户本身或许对你的产品并无需求，但你若能对他们态度热情，始终如一，给他们留下良好的印象，他们就能向那些需要这种产品的亲友推荐你。如此一来，你在他们这里遭遇的失败，便能在他们的亲友那里得到补偿，这样的失败便算不上真正的失败。那些因买卖不成得罪了客户的销售员，才是真正的失败者。

在销售过程中，如果你察觉到客户完全没有购买的意向，你可以微笑着对他说："看得出您很忙，我们今天就聊到这儿吧，我先告辞了，不打扰您了。我给您留个名片，要是日后您或者您的亲朋好友有什么需要，欢迎随时联系我。在告别之前，我祝您的生意越做越兴隆。"

总之，行销之路漫长而曲折，一定要把目光放长远，脚踏实地，从小事做起，慢慢累积资本，切忌急功近利。

留住老客户

———————●———————

对销售员来说，开发新客户固然很重要，但留住老客户也同样重要。留住老客户并不需要花费多少成本，但获益绝对不比开发新客户少。可惜很多销售员并没有意识到这一点，他们总是忙于开发新客户，却忽视了对老客户的管理，这是非常不可取的。

销售领域有一个漏斗原理：如果老客户像漏斗里的水一样不断流失，就需要不断补充新客户，使漏斗保持一定的盛水量。一名销售员在一个月内流失了 10 个老客户，与此同时，他又开发了 10 个新客户。表面看来，他的销售业绩并没有受到影响，但实际上，他为了争取这 10 个新客户，花费的成本远比维护 10 个老客户多得多。从投资回报的角度来说，他这种做法是非常不经济的，真正成功的销售员绝对不会这么做。

汽车推销大师乔·吉拉德在 15 年间推销出了 1 万多辆汽车，这项纪录直到现在依然没有被人打破。这 1 万多辆汽车中，有 65% 都源自他的老客户的二次购买。可以说，乔·吉拉德最大的成功秘诀就是，他善于留住老客户。但是，销售员究竟要怎样做，才能留住老客户呢？

首先要破除幻想，不要以为老客户会永远对你忠心。现在的市场是买方市场，每个客户都面临着多种选择。如果你不能为他们提供最好的产品与服务，随时可能被他们抛弃。

可能你以为自己的服务已经很周到了，自己跟客户的关系也已经很稳固了，但是你不要忘了，其他企业的销售员随时可能出现在客户面前，为他们提供更周到的服务，与他们建立更稳固的关系。这是你控制不了的，你唯一可以控制的是你自己。你要不断向客户展示你的产品优于其他产品的特点，不断提醒你才是客户的最佳选择。

其次你要对客户有深入了解。要想满足客户的需求，首先要了解客户究竟有什么需求。客户的需求都是不断发展变化的，你必须跟客户保持密切联系，时刻了解客户的需求变化。也许客户短时期内并没有再跟你合作的打算，但不要因为这样就冷落了他们。要定期跟他们联络，让客户了解你销售的各类产品，以及你最近才开始销售的新产品。即便他们对这些产品都没有需求，你也可以通过跟他们的交流，提炼出一些有价值的新信息。

如果你是一支行销团队的领导，那你务必帮助自己的下属做好老客户的管理工作。你要给每个重要的老客户安排一个固定的管理员，让他们彼此了解、熟悉，这样交流起来才会更方便。另外，你还要为每个重要的老客户制订一个管理计划，具体内容包括：你希望从这名客户身上得到些什么，怎样才能得到，限期多长等。

通过老客户开发新客户

销售员开发新客户的方法有很多种，通过老客户开发新客户是其中比较方便易行的一种。试问，有什么比亲朋好友的推荐更能取信于人呢？销售员若想在开发客户时取得事半功倍的效果，务必学会通过老客户来开发新客户。

很多人都有这样的经验：当一个陌生人向你介绍一种产品有多好时，你往往会对他的意见有所保留，甚至根本不会相信他说的话。可是如果换成你信任的一位亲友，你就会很自然地相信他所说的每一句话。

美国行销大师弗兰克·贝特格深谙这个道理。他在从事销售工作期间，为了开发更多的新客户，特意制作了一些名片大小的小卡片，上面写有他自己的简介。每回他跟客户做成一笔生意，就会请求客户在卡片上写上自己的名字，并写上可能对他的产品有需求的亲朋好友的名字。然后，贝特格便会拿着这张卡片去拜访客户的亲朋好友，努力将他们也变成自己的客户。

在跟新客户见面之前，贝特格会给那位向自己推荐新客户的老客户打电话，请他帮忙向新客户转达自己的意愿，然后再跟新客户约见。贝特格曾说："只要你能找到自己的证人，就能迅速赢得别人的信任。"事实也的确如此，因为有了那位老客户的引荐，贝特格在跟新客户交流的过程中，只需花费很少的力气就能取信于新客户，说服其购买自己的产品。

虽然现代社会科技日新月异，广告宣传方式令人眼花缭乱，但熟人的推荐仍是一种最能取信于人的方式。要想得到客户的推荐，首先你的产品和服务要让客户满意。如果你做不到这一点，甚至还惹怒了客户，那客户一定会在亲朋好友中间不停地为你做负面宣传。

这里有一点需要注意：客户会主动帮你做负面宣传，却不一定会主动帮你做正面宣传。就算你令一位客户满意到了极点，他也未必会跟别人提起这件事。因此，你一定要主动提醒客户，请求他们把你推荐给他们的亲朋好友。只要你明确提出了这个要求，一般很少有客户拒绝你。

当老客户把你推荐给新客户时，你一定要把握好机会，在新客户面前积极表现。若是你在新客户面前表现欠佳，给他留下了不好的印象，那你损坏的便不仅仅是你自己的形象，更包括老客户的声誉。因此，在这件事上，你务必格外慎重。

在跟新客户见完面后，无论你有没有成功，都要将结果告知老客户，并向他表达自己的感激之情。老客户感受到你对他的尊重，如果你跟这位新客户合作不成功，他还会给你推荐另外一位新客户。

找出客户流失的原因

——————•——————

企业的客户有三种：潜在客户、现有客户和前客户。大多数销售员都很重视现有客户和潜在客户，却对前客户视而不见。实际上，最应该受到关注的是前客户。要想更好地留住现有客户，更好地挖掘潜在客户，必须深入了解前客户，最重要的是找出他们流失的原因，进而找到方法，再将他们争取回来。

跟一个不再喜欢自己的人打交道并不是一件愉快的事，这就是很多销售员不愿跟自己的前客户打交道的直接原因。然而，最根本的原因却是，这些销售员不明白，客户流失给他们带来了多大的损失。有统计显示，将客户的流失率降低一半，客户给公司带来的利润就会增加一倍，公司的价值会随即翻一番。因此，不要以为 10% 和 5% 的客户流失率区别不大。若你能将客户流失率由 10% 降至 5%，那你便能帮助公司增加一倍的利润。

很多销售员认为流失的客户都不是什么好客户，但实际情况却刚好与之相反，最好的客户总是最先离开的客户。为什么销售员会有这种误解呢？因为这些客户在此之前不断向他们投诉，不断要求他们改正缺点。这些销售员应该认真思考一下，如果他们的产品和服务对客户而言微不足道，那客户又何苦给自己找这么多麻烦？

举个例子，你初到一座城市，打算先找个落脚点，等过几天熟悉一下周围的情况，再租一间比较像样的房子长住。既然这个落脚点你只准备住几天，那你一定不会介意它是否宽敞，环境是否安静，交通是否方便，可能你随便找个小旅馆就住下来了。但如果你想住上一年半载的话，你一定会对这个住处诸多挑剔，要权衡再三，才能做出决定。

同样的道理，那些对你诸多挑剔的客户，正是因为想跟你建立长期的合作关系，才会希望从你这里得到更优质的产品和更完善的服务。结果你却对他们的挑剔无动于衷，以至于他们最终只能选择离你而去。当然，你们的关系不会就此终止，他们会不断为你做负面宣传，让你的很多潜在客户都远远地躲开你。

任何一个明智的销售员，都不会放任这种情况发生，他们会积极主动地找出客户流失的原因。最好的方法莫过于直接跟前客户交流，从他们口中找出原因。尽管他们的态度可能会让你觉得很不舒服，但是他们的言语必能给你很多启发。

如果直接跟客户见面有诸多不便，最好通过电话跟他们联络。在这方面，美国美信银行就做得很好。他们要求公司的高层管理人员每个月都要抽出一定的时间接听客户的电话，这其中就有那些要求取消信用卡，即将成为公司前客户的客户打来的电话。

　　另外，企业内部必须建立长期的检测系统，随时关注流失的客户，随时调查他们流失的原因。最终，所有原因都应该落实到文件中，这样领导层才能决定是否应该对行销战略战术做出相应的调整，以减少客户流失。

把流失的客户争取回来

————————— • —————————

找出客户流失的原因后，企业接下来就要采取措施，尽量将流失的客户争取回来。为此，企业要先对流失的客户进行分类，然后对不同类型的客户采取不同的争取措施。

一般来说，流失客户可分为四种类型：第一种是已经不再需要企业的产品或服务，第二种是对企业的产品或服务不满，第三种是已经遗忘了企业的产品或服务，第四种是已经跟随企业的跳槽员工一起"跳槽"。

对于那些已经不再需要企业产品或服务的客户，企业要真诚地表达自己的感激之情，感谢他们曾给自己机会，与他们合作。除此之外，企业还要主动请求这些客户帮自己介绍新客户。尽管最后得到的回复有可能是抱歉，恕难做到，但也不排除有些客户会愿意出手相助。

对于那些对企业的产品或服务不满的客户，企业要做的事情可就多了。最重要的是诚挚地向这些客户表达自己的歉意。

如果情况不是很严重的话，一封诚挚的道歉信便能使大部分客户接受。不过，在大多数情况下，仅仅道歉是不够的，要采取更多的实际行动。当然在采取行动时，同样要具体情况具体分析。

客户对企业不满，可能有很多原因，但总结起来，不外乎以下几种。

第一，企业的产品缺乏创新。

所有产品都有自己的生命周期。不少产品在上市之初，能为客户带来丰厚的利润。但后来随着时间的推移，它们能带给客户的利润越来越少。这时，如果企业不能发挥自己的创新能力，对产品进行改进，或者直接推出新型替代产品，势必将影响到客户的满意程度。

要解决这个问题，企业需要从源头入手，努力增强创新意识，提升创新能力。

第二，企业的产品质量不过关。

产品的质量存在问题，是导致客户对企业不满的一个非常重要的原因。在这一点上，企业没有捷径可走，只能严把质量关。

对于已经存在的产品质量问题，企业要勇敢面对，绝不能敷衍、逃避，一定要想方设法帮客户解决问题，弥补损失。

企业要委派专门的工作人员负责处理质量投诉，在收到客户的投诉后，要在第一时间做出回复。如果客户的情绪比较激动，那么千万不要选择书面交流，要选择口头语言交流，因为口头语言交流比书面交流更能安抚客户的情绪。在交流过程中，企业工作人员要多听取客户的建议，尽快为客户提供解决问题的方案。总之，只要企业能高效、合理地解决产品的质量问题，就不会对客户满意度造成太大的损害。

等客户投诉的质量问题解决后，企业还应向客户提出一个补偿方案，进一步挽回企业在客户心目中的形象。

第三，企业的服务不到位。

这是很多企业都存在的一种弊病。有些企业对所有客户的服务都不上心，更多的企业则习惯于将客户分为三六九等，对不同等级的客户给予不同的对待，以至于经济实力不足的客户根本无法从他们那里享受到完善的服务。这样的企业势必会引起客户的强烈不满。

要解决这个问题，企业必须强化员工的服务意识，竭尽所能，提升企业的服务质量。

对于那些已经遗忘了企业的产品或服务的客户，企业要做的就是提醒他们重新记起来。

这些客户只是在无意间成了企业的流失客户，也就是说他们并非有意不跟你合作，只是暂时忘记了。只要企业能通过电话或上门拜访，帮助他们恢复记忆，他们便能重新投入企业的怀抱。为了激励这些客户赶快采取行动，企业可以向他们提供特殊的奖励。

对于已经跟随企业跳槽员工一起"跳槽"的客户，企业要从与客户的感情关系上入手，用动之以情的方法对其展开游说。

企业的销售部门是一个很不稳定的部门，每隔一段时间，就会有人事变动。在销售员离职的背后，往往伴随着大量客户的流失，特别是那些销售精英的离开，势必会带走很多客户。

造成这一结果的根本原因是，企业在客户管理方面做得不够，任由企业和客户之间联系的纽带牢牢掌控在了销售员手中。

企业若想挽回这类客户，可以打出感情牌。不过，企业要做好心理准备，一般情况下，这类客户是很难挽回的。但是企业可以吸取教训，避免类似情况再度出现。这要求企业加强自身对客户的影响力，让客户成为企业的客户，而不是某个销售员的客户。具体来说，就是要跟客户保持联络，定期与客户进行深入沟通，多了解客户对企业产品和服务的满意程度，与客户建立亲密的合作关系。

妥善处理客户的投诉

企业在发展过程中，不可避免会遭到客户的投诉。这些投诉如果处理不好的话，会对企业的发展很不利：影响企业在客户心目中的形象，影响企业在客户的亲朋好友心目中的形象，甚至影响企业在公众心目中的形象。因此，企业一定要对每一位客户的投诉做出妥善处理。

首先，要以正确的态度对待客户的投诉。

很多企业都对客户的投诉避之唯恐不及，以为投诉越少，就意味着自己的产品和服务质量越高，但实际情况又是怎样的呢？

一个对企业不满的客户，却选择不去投诉，这意味着他已经对这家企业彻底失望，觉得没有投诉的必要了。他在决定不投诉的同时，必然也已下定决心，不再与这家企业有任何贸易往来。不仅如此，他还会将自己的经历告知身边的人，提醒亲朋好友也不要再光顾这家企业了。这种结果显然要比企业收到一桩投诉严重得多。

因此，企业千万不要视客户的投诉为洪水猛兽，而要将其视作一笔财富。如果换个角度来看，投诉就是客户在帮企业出谋划策，改正不足。企业若能以这样的态度对待每一位客户的投诉，便能以最快的速度找出客户投诉的原因，对症下药，将投诉给企业带来的不利影响降至最低。

有了端正的态度，接下来企业要做的，就是了解客户投诉的原因。

客户之所以会投诉，原因无非是他们的期望没有得到满足。具体来说，又可细分为以下几种原因：

一是产品的质量有问题，这是最常见的一种投诉原因；

二是服务的质量有问题，这种投诉原因也比较常见；

三是购物场所有问题，例如在商场内遭遇扒手，客户就会想到向商场方面投诉。

在明确投诉原因的同时，还要找出客户投诉的目的和具体需求。

一般来说，客户向企业投诉，主要是想达到两个目的：一是希望自己提出的问题能得到企业的重视，二是希望自己的问题能得到圆满解决。

而客户的具体需求主要包括四个方面：关心、倾听、专业、高效。

先说关心。客户需要企业对自己表现出关心与尊重，而不是对自己不理不睬或是敷衍了事。

再说倾听。客户希望企业能认真倾听自己的问题和需要，不要在倾听的过程中用种种借口打断自己。

然后是专业。客户需要企业派出真正能解决问题的人，即相关的专业人士来跟自己接触。

最后是高效。客户希望企业在接到投诉后，迅速做出反应，迅速解决问题，而不是一味拖延、逃避。

在明确了以上几点之后，企业就要正式开始处理客户的投诉了。

首先，要热情招待投诉的客户。

由于投诉的客户情绪一般比较糟糕，企业在派专人接待他们时，务必做到热情、友好。例如，给客户泡一杯咖啡，端上一盘水果或糖果，都能表现出自己作为主人的热情。

其次，要认真倾听客户的抱怨，并做好相关的记录。

这能让客户感受到自己提出的问题已经得到了企业的重视，并能很快得到解决。这种感受能有效缓解客户的恶劣情绪，使他们平静下来，方便工作人员与他们进行深入沟通。

再次，要尽量满足客户的要求。

只要客户提出的要求是比较合理的，企业都可以答应，就算吃点小亏也无妨。不过，投诉的客户自身利益受损，有时难免会心急，提出一些过分的要求。如果是这样，工作人员就不能随便答应了，要从专业角度分析客户的损失，提出合理的赔偿建议。在这个过程中，要始终保持微笑，用友善的态度游说客户，这样客户才会比较容易接受。千万不要生硬地拒绝客户的要求，否则很容易导致双方情绪对立，对问题的解决非常不利。

最后，要尽快用实际行动解决客户的问题。

在跟客户沟通完毕后，要尽快采取行动，解决问题，切忌拖延时间。否则，会进一步加深客户的不满。就算最后问题解决了，企业在客户心目中留下的坏印象也无法扭转了。

为此，企业应该让客户清楚了解自己的工作进度。只要客户能定期收到企业的进度报告，那么即使企业的工作出现延迟的情况，客户也能比较容易接受。

掌握向客户催款的技巧

————————— • —————————

销售员在工作中，难免会遭遇被客户拖欠货款的情况。于是，催款就成了销售员日常必做的工作之一。催款是很讲究技巧的，将这些技巧总结起来，大致可分为以下几点。

第一，在上门催款前，先要搞清楚客户拖欠货款的原因。

拖欠货款，不外乎三种原因：第一是疏忽大意，第二是资金紧张，第三是故意为之。

因疏忽大意拖欠货款，这样的情况最易解决，只需主动提醒一下客户就行了。

因资金紧张拖欠货款，这样的情况就比较麻烦了。不过，只要客户还在营业，迟早都能拿出钱来还债。销售员要跟客户协商好，争取获得优先付款的机会。跟客户建立良好的个人关系和业务关系，就是一个不错的选择。因为任何人都不愿跟与自己关系密切的合作拍档翻脸。

如果客户是故意拖欠货款，那么销售员就要根据客户的不同情况，有针对性地催款。

例如，有的客户很爱面子，销售员便可以当着他同事或朋友的面向他催款。客户不想破坏自己在熟人心目中的形象，必会爽快地付款。

有的客户很看重自己的家人，销售员便可以在他下班后，追到他家里，当着他家人的面向他催款。客户不愿让自己的家人被打扰，只能付款。

第二，催款要选对时间和对象。

结婚、搬家都要讲究"吉日"，催款同样如此。最好的催款"吉日"是周五，其次是周四和周二，周一和周三不适合催款。当然，若是你查到拖欠货款的客户将有一大笔钱进账，那么进账前三日就是催款的"吉日"。

一天之中的最佳催款时机，是上午刚开始上班时。这时，客户还没有被各种工作琐事打乱心绪，正是全天心情最好的时候。午餐和午休时间，则不适宜催款。将要下班时，也不适合催款。这时候，客户一心想着回家，根本没心情说还款的事。

要注意，催款一定要及时，时间拖得越久，欠款越难收回。研究表明：两年以上的欠款，只有 20% 能收回；两年以下的欠款，则有 80% 能收回。

催款除了要选对时间，还要选对对象。一定要找当初跟你签合同的主要负责人催款，找他的下属是没用的，那些人没有决策权，就算他们向你做出还款承诺，也不一定能履行诺言。

第三，催款要直截了当。

很多销售员因为担心催款催得太紧，会影响自己跟客户的关系，影响双方日后的合作，所以在催款时诸多顾忌，说话拐弯抹角，好不容易说出来，还觉得满心歉疚，不停地向客户道歉。

有些客户洞悉了销售员的这种心理，也跟着顾左右而言他，不肯直面这个问题，甚至还故意刁难销售员，拒绝付款。这样一来，销售员又怎能收到被拖欠的货款呢？

在催款时，销售员首先要明确一点：催款并不是什么见不得人的事，你不需要为此感到羞惭、抱歉。要知道，欠债还钱，天经地义。如果要说抱歉，也应该是拖欠货款的客户抱歉才是。

直截了当地说出来，才是催款的最佳方式。无论是打电话还是直接上门催款，销售员都应采用这样的方式让客户明白，你只是在按照合同做你应该做的事，同时，客户也应该依照合同上的规定，履行自己的诺言。

第四，催款要说对话。

销售员在向客户催款时，说话要不卑不亢、据理力争，但不是咄咄逼人，否则很容易破坏双方的关系。

在谈话过程中，销售员一定要保持冷静的头脑和坚决的态度。无论客户用什么借口拖延还款，你都要毫不犹豫地拒绝他，不要给他任何钻空子的机会。

另外，催款时很忌讳在客户面前喋喋不休。话不在多，而在精，只要你能将自己的意思和态度表达清楚就行。苦口婆心地劝说客户，并不是催款的好方法。有时候，适当保持沉默，反而会让客户觉得你深不可测，对你产生畏惧心理，不敢再拖延货款。

　　有些客户会在被催款时乱发脾气，甚至对销售员破口大骂。这种情况下，销售员一定不能乱了阵脚，要冷静地安抚对方，必要时还可要挟对方，例如终止向客户供货，或是诉诸法律，解决此事。

　　有些销售员一时冲动，跟客户对骂，这是很不可取的。一旦双方撕破了脸皮，客户便更不可能爽快地还款了。

　　简而言之，催款跟行销类似，是一个过程，难以一蹴而就。销售员要做好打持久战的准备，发扬锲而不舍的精神，跟欠款的客户对抗到底。

把客户发展成会员

·

在行销学中有一个重要概念，叫作会员制行销。具体来说，就是企业把客户发展成会员，通过向这些会员提供差别化服务，提高其对企业的忠诚度。

实践证明，会员制行销能有效帮助企业获利。例如，有调查表明，化妆品专营店的会员消费总金额，就比非会员多出两倍多。鉴于此，企业很有必要在行销中引入会员制度，努力将一切有价值的客户发展成自己的会员。为此，企业需要做很多工作，具体可总结为以下几个方面。

第一，建立完善的会员章程。

所谓的会员章程，就是基本的会员制度，主要包括两方面的内容：一是成为会员的条件，二是成为会员后享有的权利。

先说成为会员的条件。每个企业的具体情况不同，对入会资格的限定也会有所不同。一般情况下，企业会吸纳三种客户成为自己的会员：一是一次性消费达到一定数额的客户，二是在一定期限内消费达到一定数额的客户，三是有消费潜力的客户。企业可根据自身情况，对此做出灵活规定。

通常来说，规模比较大或档次比较高的企业，入会条件要相对严格一些，这样才能体现出会员的尊贵与特别。如果所有人都能轻而易举地成为会员，那么会员制度也就失去了意义。

再说成为会员后享有的权利，通常包括以下几种：一是在购买某些产品时享有更多优惠；二是通过消费累积积分，积分达到一定程度后，可兑换奖品；三是根据消费情况进行会员升级，参与企业组织的各类活动。

第二，建立完善的会员档案。

完善的会员档案主要包括两方面：一是会员的个人信息，二是会员的消费信息。

会员的个人信息包括会员的姓名、性别、年龄、生日、联系方式、工作职位、工作单位、个人喜好等。

要注意，会员的生日是一个非常重要的信息，企业可以在会员生日当天送上祝福和礼物，这对增进双方的感情，稳固合作关系大有帮助。

会员的消费信息包括会员购买的产品类型、品牌和价格，购买的时间和频率，用后的反馈信息等。

第三，对会员进行分类管理。

对会员进行分类有多种标准，年龄、收入、消费金额、购买习惯等都能成为分类的依据。企业在实际工作中，可根据自身的需要选择合适的分类标准。当然，标准不一定是单一的，企业可同时选择多种标准，对会员进行细分，这样管理起来会更有针对性。

现在绝大多数企业选择了按照消费金额为客户分类，例如有些会将会员按消费金额由高到低细分为钻石级、金卡级和银卡级。这种分类方式显然是最直观，也是最功利的，不过对以盈利为主要目标的企业来说，采用这种方式无可厚非。

第四，做好会员的跟进工作。

企业要将这项工作做好，有多种方法可供选择。

（1）当面提醒。

企业销售员可利用跟客户直接接触的机会，提醒客户最近有什么会员独享的优惠活动。

（2）短信或电话联络。

短信联络是一种非常常见的方法，它成本低廉，效率又高，受到了很多企业的追捧。

现在绝大多数企业在给客户发短信时，内容都局限在自己的产品或优惠活动上。其实，短信的内容还可以更宽泛一些，天气预报、节日问候、生日祝福等都可囊括在内。

不过，企业在发短信时一定要把握好度，频繁地发短信非但不能取得预期的效果，反而会让会员不堪其扰。现在垃圾短信数量庞大，企业在发短信时如果没有节制，发出去的短信很容易会被会员当成垃圾短信删掉。

电话联络主要用于收集会员的反馈信息。如果会员是初次购买某种产品，那企业一定要在事后通过电话询问其使用情况如何。如果会员有什么疑问的话，要马上采取措施，帮助其释疑。

与短信相比，电话无疑要更直接，沟通效果也更好。但是由于电话会对会员造成比较大的干扰，企业在致电会员时，务必注意以下 3 点。

（1）不要在会员工作繁忙时打电话。一般来说，最佳打电话时机应该是上午 11 点—12 点，以及下午 4 点—5 点，这两个时间段，绝大多数人的工作都不会太繁忙。

（2）打电话的过程中要保持礼貌和亲切感。

（3）打电话的时间不要太长，最好别超过 3 分钟。

注意，电话联络过后，一定要及时做好电话记录。

第五，给客户邮寄广告宣传册或礼物。

在给客户寄东西时，要注意包装，最好能让客户爱不释手，长久保存，这样能更有效地增强企业对客户的影响力。

吸收各种身份的人加入行销团队

一个成功的行销团队，其成员的身份往往不会是单一的。一个有经验的行销团队领导者，会吸收各种身份的人加入自己的团队。这些年龄、性别、教育背景、生活阅历等各不相同的成员，会为团队注入新鲜血液，使整个团队充满激情，实现高效工作。

奥巴马当年在竞选美国总统期间，遭遇了一个强劲的对手——希拉里。跟奥巴马相比，初选期间的希拉里无疑拥有更雄厚的财力、更广泛的人脉和更多的民众支持，但最终希拉里却败给了奥巴马。其中有一个很重要的原因是：奥巴马的竞选团队比希拉里的竞选团队更好地做到了兼收并蓄。

希拉里的竞选团队主要是由一群年龄、背景等十分相似的女性成员组成的。她们的年龄集中在五六十岁，受过良好的教育，有着优越的身家背景，跟希拉里相交甚笃，对其忠心耿耿。

跟希拉里的竞选团队相比，奥巴马的竞选团队则要复杂得多。他们的年龄、身份、教育背景等千差万别，其中既有富商，又有穷人；既有政客，又有平民；既有受教育程度很高的知识分子，又有连大字都不识几个的文盲；甚至还有一部分是监狱中的囚犯，以及终日在街头游荡的流浪汉。

显然，希拉里的竞选团队是由与她属于同一阶层的人组成的。实际上，早在20年前，这支团队就已初具雏形，可以说是准备充分。反观奥巴马的竞选团队，当时才组建不到2年的时间。然而，后者却因成员身份多样，具备了前者无法比拟的优势。

相信很多人都有这样的经验：在跟与自己背景相似的同龄人交往的过程中，很难有新的发现和感悟，因为彼此实在太相似了，你的发现和感悟，与我的发现和感悟近乎一致。这样的交往固然和谐，却少了很多接触新事物的机会。如果跟一个与自己截然不同的人交往，那体验便会截然不同。从对方身上，你会了解到很多此前从未注意过的新事物、新观点，你将学会从全新的角度看问题，甚至可以说，你将了解到一个崭新的世界。

奥巴马的竞选团队就是由这样一群彼此之间截然不同的成员组成的，他们从其他成员身上发现了一个又一个新角度，开拓出一片又一片新视野。在这个过程中，他们逐渐掌握了社会各阶层对新政府和新总统的期待，有针对性地制定出选举策略，这些都是希拉里的竞选团队无法做到的。

如果奥巴马的团队成员都跟希拉里的团队成员一样，有着单一的年龄、身份和背景，那他们根本无法搜集到这么多信息，也就无法在最终的大选中占据优势。

这样的道理同样可应用到行销团队中，一支成员身份单一的行销团队，其决策必然也是单一的。因为团队内部成员的思想观点太相似，一个人考虑到的，其他人也都考虑到了，一个人考虑不到的，其他人也都考虑不到。这样的行销团队很难做到真正的成功。

真正成功的行销团队要像奥巴马的竞选团队一样，吸纳各种身份的人加入，这样团队成员才能从彼此身上挖掘到全新的角度和观点，才能将各种各样的优势集中起来，引领整个团队走向成功。

打造高效的行销团队

————————— ● —————————

任何一个行销团队的领导者，都希望自己的团队成员高效工作，达到"1+1 > 2"的工作效果。那么，究竟要怎样做，才能打造一支高效的行销团队呢？

第一，对每个团队成员进行培训，让他们掌握基本的行销知识。只要所有成员都做到了这一点，就算只是达到了初级水平，也能让整个团队的力量强大起来。记住在你的行销策略中，一定要加上经常性的行销培训这个项目。

第二，让每个成员了解他们工作的真正意义。一定要明确地告诉每个团队成员：他们各自的工作究竟有什么不同；他们的工作对整个公司的发展有什么意义；他们的工作要做到何种程度才能称得上优秀；当他们表现很好或是不好时，客户分别会有什么反应；他们的工作对客户究竟有什么意义。只有明确了这些，你的团队成员才能时刻保持工作积极性。

第三，给每个成员进步的机会。你可以让他们去跟不同的客户打交道，可以带他们去参加高层商务谈判，也可以让他们尝试组织小组例会，总之要让他们不断尝试新事物，不断成长进步。

第四，帮助团队成员加深对彼此的了解。因为只要你真正了解一个人，就很难再对他产生厌恶之情。要多组织一些社交活动，让团队成员可以在比较放松的环境中相互了解，增进感情，这对增强团队凝聚力大有帮助。

第五，找出团队中表现最优秀的成员，请他分享自己成功的诀窍，为其他成员树立一个好榜样。

第六，以身作则。你要求成员做到的事，首先你自己要做到。比如，你要求成员参加行销培训，首先你自己要到场；你要求成员认真倾听他人的意见，首先你自己不能闭目塞听。

第七，努力拉近团队成员和客户之间的关系。要让你的成员切身感受到，他们不是在跟一堆订货单打交道，而是在跟实际的人打交道。你要尽量缩短团队成员和客户间的距离，这其实并不难做到。你可以主动向客户介绍你的成员，同时附上成员的照片，这样会给客户一种比较直观的感受；你可以利用节假日等举办一些活动，邀请客户参加，跟团队成员直接进行接触；你可以将自己跟各个客户打交道的故事分享给成员；你还可以让成员自己去浏览客户的网站，从中挖掘出客户的资料。

第八，给团队成员一个明确、一致的目标，最佳方法是加强团队成员之间的交流。作为一个行销团队，一定要定期开会，让所有成员都能得到发表意见的机会。通过全体成员的热烈讨论，最终将目标确定下来。

　　目标明确之后，还要制订相应的计划，这个过程同样需要整个团队共同参与。也许你的行销计划最终只会由一个或是几个成员去实施，但在制订计划的过程中，你一定要听取所有团队成员的意见，特别是那些常年工作在销售第一线的成员。

　　你的团队成员会向你提供你所需要的信息，在这个过程中，获益的不仅是你，还有那些信息提供者。他们会从你这里得到肯定和鼓励，然后以更加饱满的热情迎接新的工作。

　　计划成形后，要让所有成员对其做出评判，这些评判将会成为你修改计划的依据。经过一系列的讨论、修改，最终将计划确定下来。随后，你要做的是将这个结果告知全体成员，因为他们是你计划的执行者，如果他们对这个计划了解得不够深入，会直接影响到最后的成果。

　　做到了上述几点，你的行销团队的工作效率一定会有所提升。长久坚持下去，你便能收获一支高效的行销团队。